京杭大运河 光影实录

THE BEIJING-HANGZHOU GRAND CANAL

乡愁中国

《京杭大运河光影实录》编委会 编
仰坡 文

浙江卷

ZHEJIANG VOLUME

北京出版集团公司
北京美术摄影出版社

图书在版编目（CIP）数据

京杭大运河光影实录. 浙江卷 /《京杭大运河光影实录》编委会编 ；仰坡文. — 北京：北京美术摄影出版社，2019.10
（乡愁中国）
ISBN 978-7-5592-0295-6

Ⅰ. ①京… Ⅱ. ①京… ②仰… Ⅲ. ①大运河 — 文化 — 浙江 Ⅳ. ①K928.42

中国版本图书馆CIP数据核字 (2019) 第184474号

责任编辑：耿苏萌
助理编辑：贺祁阳
责任印制：彭军芳

乡愁中国
京杭大运河光影实录　浙江卷
JING-HANG DAYUNHE GUANGYING SHILU ZHEJIANG JUAN
《京杭大运河光影实录》编委会　编
仰坡　文

出　　版	北京出版集团公司
	北京美术摄影出版社
地　　址	北京北三环中路6号
邮　　编	100120
网　　址	www.bph.com.cn
总 发 行	北京出版集团公司
发　　行	京版北美（北京）文化艺术传媒有限公司
经　　销	新华书店
印　　刷	天津联城印刷有限公司
版 印 次	2019年10月第1版第1次印刷
开　　本	787毫米×1092毫米　1/16
印　　张	12.75
字　　数	150千字
书　　号	ISBN 978-7-5592-0295-6
定　　价	88.00元

如有印装质量问题，由本社负责调换
质量监督电话　010-58572393

总序

中国从黄河流域的部落联盟，成长为屹立地球东方2000多年的世界一极，历史上的几次重大工程功不可没。其中，京杭大运河的开通，对国家资源的调配起到重大作用，使生产效率大幅度提高，让当时的中国迅速走上快车道。

翻开历代史书，很大一部分内容与运河治理有关：改道、建闸、修堰、筑坝、造堤、疏浚……由于华夏大地西部和北部高，东部和南部临海走低，所以大江大河统统由西往东汇入大海。为了方便沟通南北，势必要开挖南北向的人工运河。这样的尝试，早在春秋时代即已开始——吴越两国都曾开挖北跨长江、淮河的运河。但是，要想开通更加四通八达的大运河，需要以统一中国为前提。秦帝国昙花一现，汉帝国忙于备战匈奴，历史将这个"大任"降到了隋炀帝杨广的身上。

杨广开挖的隋唐大运河，就像一个巨大的"人"字，横亘在华夏大地东侧。"人"字顶端是隋朝首都洛阳，一撇向东南直达余杭（今杭州），一捺向东北至涿郡（今北京），总长约5000里。隋唐大运河开通后，帝国就像巨人被疏通了血管，顿时活力迸发。

我们今天看到的京杭大运河，是杨广死后600多年，由草原民族政权元朝皇帝忽必烈奠基的。元朝将首都定在北京——华北平原北大门，漕运通道的调整势在必行。忽必烈把"人"字"裁弯取直"，运河从北京往南直走山东、江苏到浙江，成为大写意的"一"字。江南的新绿氤氲了燕赵的灰黄，帝国的生机得以延续，通州、天津、临清、济宁、淮安等城市陆续被"点亮"，运河新城纷纷崛起。

大运河不仅沟通南北，还面向更广阔的世界。它的一端通过宁波港连接海外诸国,另一端则从中原衔接横贯亚欧的"丝绸之路",旺盛的出口贸易,给帝国带来滚滚财富。除了促进中国的南北大融合,大运河还是一部以水波为文字、白帆为标点写下的文化史。上千年来,无数文人墨客、商贾巨富、匠师艺人在河面南来北往,这既是一张熙熙攘攘的物流运输图,也是一幅多姿多彩的文化交流图。

在华夏的版图上,京杭大运河与长城,一动一静,一虚一实,一拓展一防御,一南北一东西,共同构建起中华民族的心理原乡。作为中华儿女,不管走到哪里,翘首回望,都会看到这两条长长的飘带。"寄语飞南归北雁,大河头尾是家川。"

本丛书立足史实,图文互映,力图从人文地理、社会经济、传承保护和诗性审美等不同维度,展现时空交错的大运河全景图,还原这历史华章的风采。书里的每一个字,都被运河的浪花所濡湿。

序言

从华北到华东，京杭大运河一路穿江过河，攀高走低，经"九九八十一难"后，终于进入浙江地界。吴越之地，河道纵横，自古就是水云之乡。乡民们早在春秋时期就开始开沟挖渠，刳木为舟。运河来到这里，畅通无阻，可谓"朝辞姑苏白云间，千里湖州一日还"。

湖州是大运河进入浙江的第一站。它地处太湖南岸，故得此名。湖州南浔古镇是中国第一座被列入世界文化遗产的江南古镇，当地有个说法，"湖州一个城，不及南浔半个镇"，就是形容它的富裕。清末时，湖州丝绸通过运河抵达上海黄浦江码头，再被运往世界各地，还曾在伦敦首届世博会上夺得大奖。富商们积累起资本后，报效乡梓，在南浔建起座座园林，南浔一路古宅绿荫，一路廊桥红灯，演绎出"耕桑之富，甲于浙右"的繁华遗梦。

机杼声不绝于耳，大运河一路奔流，来到嘉兴。这里是京杭大运河在江南的转折点，河道由此拐向西南，直抵杭州。嘉兴地处"吴根越角"，是杭嘉湖平原的腹心，水网纵横，"芦芽短短穿碧沙，船头鲤鱼吹浪花"。嘉兴是浙西重要的鱼米之乡，也是运河枢纽，还是全国唯一以原生态大运河为环城河的城市。大运河嘉兴段基本沿用了运河最初开挖时的河道，历史遗迹丰富。部分水利工程设施还代表了当时水利工程技术的先进水平，比如"复式船闸""拖船坝"等，这充分证明了江南人民的才干。

数千里运河，到这里总算走完大半航程。它穿行过盐碱荒滩，沐浴过燕赵雄风，缠斗过黄淮肆虐，欣赏过草长莺飞，终于到达终点站——杭州。隋炀帝开通南北大运河后，作为运河南起点的杭州成为东南一极。它就像大树的根系，吸收四面八方的营养，并通过运河将其源源不断地输送到都城。时人感叹道："吴越去京师三千里，谁知一水之利如此。"南宋是杭州历史上的巅峰时刻，无论城市规模，还是财政收入，杭州都是当时世界第一大都会。京杭大运河开通后，杭州兼具河、海水运之便，又连接海上丝绸之路的起点——福建泉州，商贸愈加发达。马可·波罗来杭州后惊叹不已，称之为"世界上最美丽华贵的天城"。

由于地势平顺，大运河杭州段没有规模恢宏的闸坝设施，但那萦绕在运河边的市井烟火气，更是稀缺的财富。"正阳门外跑马儿，螺蛳门外盐担儿，草桥门外菜担儿，候潮门外酒坛儿……"传唱百年的运河民谣，我们今天依然能找到共鸣。正是这种古今交融的魅力，让联合国专家看到了"活"的历史，把杭州11个运河点段纳入世界文化遗产。今天的古城，成了"互联网+"创业的"天堂"，又一次挺在时代的潮头。

京杭大运河没有终点，后面的故事将更精彩。

浙江卷

070 第七章 闭门防惊鹭 开窗便钓鱼
——嘉兴大运河道

090 第八章 吴姬荡桨入城去 细雨小寒生绿纱
——嘉兴运河人文遗产

110 第九章 华贵天城 傲立潮头
——杭州城市概述

128 第十章 水居江海之会 陆介江浙之间
——杭州河城共生

142 第十一章 骈樯二十里 开肆三万室
——杭州大运河道

174 第十二章 深巷明朝卖杏花
——杭州运河人文遗产

● 湖州
● 嘉兴
● 杭州

目录

002 第一章　行遍江南清丽地　人生只合住湖州
——湖州城市概述

016 第二章　水云深处是故乡
——湖州河城共生

026 第三章　山从天目成群出　水傍太湖分港流
——湖州大运河道

041 第四章　来往舟行看不足　此中风景胜扬州
——湖州运河人文遗产

052 第五章　吴头越尾第一大都会
——嘉兴城市概述

059 第六章　因河而嘉　临水而兴
——嘉兴河城共生

> 太阳光辉映衬下的湖州城　李军 / 摄

湖州

第一章
行遍江南清丽地 人生只合住湖州
——湖州城市概述

在烟波浩渺的太湖之滨，众多村镇就像大大小小的珍珠撒在绿丝绒上。不过，这些城市中只有太湖南岸的湖州因湖得名。它地处浙江省北部，与无锡、苏州隔湖相望，东邻嘉兴，南接杭州，西依天目山。其自古以来就水网纵横，一切似乎都与水密不可分——"苕霅""菰城""汀州"，这些古代湖州的别称都离不开水，文人骚客

> 太湖喜来登酒店　李惠民 / 摄

更是将"水晶宫""水云乡""山水窟"这样脱俗的妙喻送给了它。宋末元初诗人戴表元寓居湖州,发出了"山从天目成群出,水傍太湖分港流,行遍江南清丽地,人生只合住湖州"的感慨!

1. 与桑为伴,以渔为歌

湖州具有得天独厚的山川之利,是著名的东南望郡,历史古邑,具有2300多年建城史。远在新石器时代,先民们就在这里聚居,从事渔猎、农耕活动。

夏禹时期,这里属"天下九州"之一的扬州。春秋战国时,这里先后属于吴、越。相传越国政治家范蠡曾在此传授养鱼经验,后来这些经验被总结成《范蠡养鱼经》。楚灭越后,楚考烈王十五年(公元前248年),春申君黄歇被分封于此地,始置"菰城县",以湖滩众多、菰草丛生而得名,遗址在今湖州市吴兴区云巢乡窑头村。汉高帝元年(公元前206年),西楚霸王项羽在今湖州城中心建"项王城",汉朝一统天下后,项王城成为吴王刘濞的封地,各项建设蓬勃发展。

三国争霸时期,东吴在此设置吴兴郡,取"吴国兴盛"之意。

> 湖州南浔古镇　张坤/摄

隋开皇九年（589年），此地废郡置州，以地滨太湖而得名"湖州"，此为湖州建制之始。唐朝，湖州人烟鼎盛，经济繁荣，诗人杨汉公登楼远眺，望着青山秀水，雕栏画栋，写下《题郡城楼》，描摹了当时的景象：

> 吴兴城阙水云中，画舫青帘处处通。
> 溪上玉楼楼上月，清光合作水晶宫。

唐末，著名书法家颜真卿、诗人杜牧都曾担任湖州刺史，留下不少佳话。颜真卿还编有《韵海镜源》，引领吴中诗派，留下碑、碣、帖等20多件。宋代，教育家胡瑗在湖州创立"湖学"，深刻影响了中国古代教育理念。

由于灌溉便利，土地肥沃，湖州盛产稻米，被称为"国之仓廪"，当时有"苏湖熟，天下足"的说法。

相传南宋时有一位名叫居简的诗僧，他的一首诗生动地描述了湖州枕水人家的日常：

> 梦忆湖州旧，楼台画不如。
> 舟从城里过，人在水中居。
> 闭户防惊鹭，开窗便钓鱼。
> 鱼沉犹有雁，不寄一行书。

2. 天堂中央水云乡

早在春秋时期，湖州先民就开始栽桑养蚕。市郊钱山漾遗址出土的蚕丝织物，是迄今发现的世界最早的蚕丝织物。蚕农们世代与桑为伴、以渔为歌、依丝而生，湖州被誉为"世界丝绸之源"。

明清之际，湖州丝织业傲视全国，出现了早期资本主义萌芽，涌现出一批富可敌国的丝商群体。1851年，英国举办首届世界博览会，湖州丝商徐荣村寄送的12包产于湖州南浔辑里村的"荣记湖丝"，一举获得"制造和手工业奖"，成为中国第一个获得国

> 清中叶，湖州刘氏庄园在桑蚕收获季节经营蚕丝，内收外销。图为早期来华的西方人所作的中国风物画。

际大奖的品牌。荣记商品在中外市场大受欢迎，徐氏很快成为沪上巨商。

湖州历史上社会安定，教育发达，人才辈出，既哺育了唐代诗人孟郊、元代书画家赵孟頫、明代小说家凌濛初、近代书画大师吴昌硕等一批大家，也吸引了王羲之、颜真卿、陆羽、苏轼等不少名人客居流连。中华人民共和国成立后，"两院"院士、"两弹一星"功臣中也有不少湖州人。这里还盛产"学霸"，据史料记载，唐代至清末，湖州进士及第的共1530人，状元有13人。

湖州是湖笔文化发祥地、茶文化重镇。湖笔以做工精湛、用料讲究著称，据说有120多道工序，元代成为"文房四宝"之首，有"湖

> 南浔丝业会馆位于南浔镇。丝市为当地最著名行业，清同治四年(1865年)即有同业组织，仿上海设立丝业公所。清光绪二十八年(1902年)当地行业同盟购地建造会馆，会馆落成于1912年，费银8万多元，名"丝业会馆"，并于1916年改称"丝业公会"，成为南浔镇商业组织中最早、实力最强的同业公会。丝业会馆的大门上，至今仍有英文书写的"SILK GUILD"横额。其大厅称"端义堂"　　冯军/摄

> 湖州长兴县龙山幼儿园,娃娃们正在体验手工古法拉丝绵　　谭云俸 / 摄

颖之技甲天下"之誉。唐朝,湖州诗文中开始出现与"茶道"相关的描述,诗僧皎然写的茶诗《饮茶歌诮崔石使君》详细描写了品茗之妙,并将其上升到禅意的高度,这比日本茶道的诞生要早数百年。茶仙陆羽隐居湖州,写下世界上第一部茶叶专著——《茶经》。长兴县顾渚山曾建有中国历史上第一座贡茶院,据传是陆羽开度茶事活动的主要所在。

　　湖州旅游资源丰富,山水俱佳,境内有三大自然保护区:龙王山自然保护区、尹家边扬子鳄保护区、长兴灰岩保护区,主要景区有大汉七十二峰、南浔古镇、莫干山、安吉县大竹海、太湖、顾渚山茶园、下渚湖湿地、白茶谷九龙峡等。

2014年,京杭大运河被列入《世界遗产名录》,湖州段列入遗产范围的河道是江南运河南浔段的頔塘故道,遗产点是南浔镇历史文化街区。2017年,"浙江湖州桑基鱼塘系统"作为具有数千年历史的东方农耕生态系统典型代表,通过联合国粮农组织评审,被认定为全球重要农业文化遗产。

此外,湖州还是国家环境保护模范城市、第一批通过全国水生态文明建设试点验收的城市之一。湖州作为"长三角城市群"重要成员和环杭州湾大湾区核心城市,其"绿色生产力"独具魅力,故有"上有天堂,下有苏杭,天堂中央,正是湖州"的说法。

> 湖州市辑里村养蚕人正在剥茧、抽丝　吴长青/摄

> 位于长兴县水口乡的大唐贡茶院景区银装素裹,宛如一幅幅美丽的水墨丹青画,别有一番韵味　李岢/摄

> 湖州善琏蒙公祠举行省级非物质文化遗产活动——蒙恬会,祭祀千年笔祖。图为祭祀活动后进行的"开笔礼"

第二章 水云深处是故乡
——湖州河城共生

湖州是因湖得名的城市，湖水的流通离不开四通八达的河道。京杭大运河的全线贯通，连通了太湖水系和钱塘江水系，将京杭大运河拓伸至浙江省东部的宁波港，助力湖州成为著名的鱼米之乡、丝绸之府。站在湖州船闸四面观望，航道上的船队络绎不绝，运的多半是建材和煤炭，船帮压得很低，几乎与河面齐平。随着"长湖申航线"湖州段的建成，配套设施的完善，千吨级轮船可以在其中自由通行，宛如水上列车，浩浩荡荡，其重要性和运输量甚至不逊于国道和铁路。

1. 三线入湖，贸易兴起

大运河湖州段就像一部被拆散的线装书，千百年来，一直在补充、

> 湖州长兴县太湖边,田野里大片的稻子,已经成熟变黄,从高空俯瞰河道纵横的小村庄,点线面清晰,片片自然形成的色彩映入眼帘　梁臻/摄

修改。读懂它,需要足够的耐心。江南运河由苏州南下,经同里、平望、盛泽,来到浙江省境内,进入运河浙北段。

经过疏浚、改造,运河浙北段现在又分3条航线。这3条航线主要穿越湖州和嘉兴两市,汇聚杭州。

东线为古运河,自王江泾起,经桐乡(县级市,属嘉兴市)等地至杭州,另有一小段与湖州德清县南擦肩而过。自隋朝起,这条运河就是南粮北运的主要通道,又名"漕渠",现在仍在"服役"。

中线即现在的京杭大运河浙江段,由苏州吴江起,南经嘉兴乌镇、湖州练市、善琏、新市,穿湖州韶村漾到杭州塘栖。20世纪80年代,交通部门进行航道改造时明确了它的定位。

西线是西晋太康年间由吴兴太守殷康主持开凿的頔塘。从苏

> 湖州大运河上的运输船只（图片拍摄于 2006 年） 安哥/摄

水云深处是故乡

> 南浔古镇街区　　高成军/摄

州吴江震泽镇经南浔到湖州，与现在的黄金水道"长湖申航线"重合。

2014年，湖州市大运河道的"一段一点"成为世界文化遗产。"一段"指的是大运河重要支流"頔塘故道"，"一点"则是这段运河养育的城镇聚落遗产——南浔镇历史街区。大运河在湖州市境内的河道虽然不是很长，但历代以来对湖州丝绸、茶叶、湖笔、稻米等产物贸易的兴盛起了重要作用，让一座座码头集镇得以崛起。

2. 大运河为经，左右水作纬

湖州的治水历史源远流长。早在上古时代，这里属于防风氏的封国，传说他是协助尧治水的功臣。明朝，湖州出了一位著名的水利专家——4次出任总理河道都御史并任工部尚书的潘季驯。他在治理苏北运河时提出"以清刷黄，借黄通运"方略，卓有成效，被誉为"千古治黄第一人"。

西晋太康年间开挖的頔塘运河是湖州最早的区域运河。隋炀帝开挖南北大运河后，頔塘成为湖州联系大运河的重要航道。南宋时期，頔塘成为大运河支线——江南运河西线的一部分。頔塘后经多次疏浚维修，几百年里保持了舟楫之便、灌溉之利、鱼虾之裕和交流之畅。由于没有遭受过黄河改道的侵袭，江南运河的整体状况好于北方运河。历代以来，丝绸、稻米源源不断被输送到中原，河道两岸稻花飘香，户户机杼，成为国家粮仓和绸仓。清末时，上海成为通商口岸，湖州特产又通过运河抵达黄浦江码头，运往世界各地，由此造就了一大批富商，成为上海民族资本家的重要部分。民国时期，湖州运河继续发挥着交通动脉功能。

练市镇运河畔有一处重要的近现代工业遗产——练市粮管所的粮仓群。它建于20世纪60年代，共有10座，呈圆锥形，东西一字排开，用传统砖瓦工艺建造。小青瓦、四面坡屋顶既有利于排水，又保持了水乡特色。粮仓内部高7米，空间约230立方米。此粮仓群仓体数量之多，体量之大，形制之美，气势之恢宏，全国罕见，堪称现代湖州的"天下粮仓"，见证了现代运河的繁忙。

湖州还保留着众多与大运河关系密切的遗迹，如飞英塔、陈英士故居、铁佛寺、钮氏状元厅、千甓亭、潘公桥、纯阳宫、韵海楼、钱业会馆、潮音桥等。湖州城内的小西街、衣裳街也是因河而市的著名街区。

3. 活态运河，乡愁之根

今天的湖州运河，客运功能已经淡出，货运功能反而与日俱增。船只往来如梭，运量能与长江媲美。运河依然"活"着，而且活力四射。近些年来，为了协调好文物保护与经济建设的关系，湖州先后出台各种措施，投入数亿元实施运河综合治理与保护开发工程，成为交通部水上文明样板线；还成立了古桥保护领导小组，维护、复建各座特色古桥，保护水乡符号。

湖州运河以"活态保护"为标准，没有对古镇古村进行封闭化、公园化，而是通过改造基础设施，让原住民继续生活在运河两岸，建设民宿，整修祠堂庙宇，留住乡愁和文化之根，让农业文明与时代发展和谐共存。漫步运河岸边，白墙黑瓦，高

> 航拍湖州衣裳街　卢文 / 摄

低起伏，长桥转角，藕荷清香。朝夕有人抚琴，有人吹笛，沉醉不知归路。有的游客说，看到这里的运河、古塔和民居，就仿佛回到故乡，因为这种典雅婉约的"味道"，正是流淌在中国人血液里的情怀。

> 湖州长兴县虹星桥镇,河道保洁员正在进行长效保洁作业　谭云俸/摄

第三章
山从天目成群出 水傍太湖分港流
——湖州大运河道

1. 南浔水乡梦

南浔——中国第一座被列入世界文化遗产的江南古镇,用三四千年的时光,打磨出"耕桑之富,甲于浙右"的繁华遗梦。南浔,不难寻。它地处湖州市东郊,距市区只有一个小时车程,距离上海、杭州、苏州100千米左右。一条全长约33千米、叫"頔塘"的京杭大运河支流穿镇而过。沿着这条河,向东可以到上海,向西到湖州市区。船运的便利,奠定了上千年基业。

> 南浔古镇夜景　薛冬/摄

> 南浔古镇悠闲一角　薛冬/摄

(1) 一根湖丝织出"四象八牛七十二墩狗"

湖州以前有句顺口溜,说"湖州一个城,不及南浔半个镇",形容南浔的财富盖过整个湖州。由于丝织业高度发达,清末南浔丝商资产高达数千万两白银,当时的清政府,每年财政收入不到八千万。南浔在春秋战国时期先后属吴、越、楚;西晋后历属东迁县、乌程县;南宋淳祐季年(1252年)建镇,迄今已有700多年历史。

南浔地形平坦,河流纵横,湖塘密布,有上千条大小河道。"五里七里一纵浦,七里十里一横塘"。先民们排涝防洪,引水灌溉,将地势低下的洼地挖成鱼塘,塘泥堆在水塘四周作为塘基,演变为"塘基种桑、桑叶喂蚕、蚕沙养鱼、鱼粪肥塘、塘泥壅桑"的零污染农耕生态循环系统,成就了丝绸之府、鱼米之乡的灿烂历史。

明朝万历年间以后,由于商品经济的发展,南浔空前繁荣,一跃成为江浙雄镇。当地诞生了一批俗称"四象八牛七十二墩狗"的巨贾——财产千万两白银以上者曰"象",五百万到千万者曰"牛",百万两以上不达五百万者曰"狗"。他们视野开阔,交游广泛,博采中西文化,建起一座座"大气、洋气、财气"的豪门大宅、私家园林,给南浔留下令人叹为观止的人文奇葩。

(2) 西风东渐

古镇旅游区分三大块,囊括了好几座国家级重点文物保护单位。

第一区块是以南东街、南西街为主的景点富集区,以庭院深深的名人旧宅、古色古香的传统街巷为主,古运河蜿蜒而过。主要景点有张石铭故居、刘氏梯号、南浔丝业会馆、求恕里、南浔商会旧址等。

> 南浔古镇张石铭故居　　卢文/摄

南浔的名人故居里，张石铭故居号称"江南第一巨宅"，共有240多间房屋，有极高的艺术和文物价值。张氏为清末藏书家，其祖父张颂贤是清朝南浔四大巨贾之一。

第二区块由小莲庄、嘉业堂藏书楼、文园、水乡一条街等景点组成。小莲庄内绿荫深深，有莲池曲桥、奇峰异石，内有御赐牌坊、碑廊、家庙、净香诗窟等特色建筑；一河之隔的嘉业堂藏书楼为清末著名藏书家刘承干所建，内藏书籍60万卷，其中有不少海内孤本。

第三区块是以张静江故居、百间楼和东大街为主的东北区块。张静江为国民党"四大元老"之一，故居内用大量第一手资料展现了张静江资助孙中山革命的经历。令人流连忘返的要数百间楼，为明代礼部尚书董份为其女眷家仆而建。一排粉墙黛瓦沿河而立，轻巧通透的卷洞门就像一幅幅雅致的取景框，木柱廊檐的倒影连同隐约的渔歌，与不远处的洪济、通津二桥组成"小桥流水人家"的绝美风光。

住宅的装修中西合璧，既有传统风格的木雕、砖雕、石雕，又有欧洲 18 世纪巴洛克风格的地砖、壁炉、刻花玻璃和克林斯铁柱头等饰品，地砖均从法国进口，还有西式豪华舞厅，设有乐池、化妆间、更衣室，处处反映出清末以后西风东渐的社会风尚。作为明清湖丝中心，南浔乡村曾经有着原汁原味的蚕乡风貌：家家缫丝、户户机杼。通津桥畔有条名叫"丝行埭"的老街，在鼎盛时期这条不长的街上有丝行 50 多家。丝商们把收购来的湖丝打包好装上货船，通过頔塘转入京杭大运河，再到黄浦江码头，最后运往世界各地。丝绸贸易造就了南浔的金山银山。

南浔还有一座辑里湖丝馆，1926 年由南浔商会发起建造，2010 年改建。通过大量历史资料、实物布景和多媒体效果，全面再现了南浔的丝绸文化发展历程。

清朝有诗人赞美南浔："百间楼上倚婵娟，百间楼下水清涟。每到斜阳村色晚，板桥东泊卖花船。"如今，时代风云隐去，生活又回归质朴的模样。

夕阳余晖下，一叶扁舟，桨声欸乃，灯影绰约，宛如走进了诗画。留给人三分滋润、七分梦幻。

2. 頔塘故道：流向伦敦的江南运河

一路古宅绿荫，一路廊桥红灯，頔塘故道两岸演绎着数百年人情世故，一代又一代南浔人在这里繁衍生息。流水似锦缎，串起了南浔的前世今生……由于保存完好，人文鼎盛，它还征服了联合国专家，被列入大运河世界文化遗产范围。

宋代诗人戴表元的一首《东离湖州泊南浔》淋漓尽致地描绘了环绕頔塘故道的美景：

张帆出东郭，沽酒问南浔。
画屋芦花净，红桥柳树深。
鱼艘寒满港，橘市书成林。
吾道真迂阔，浮家尚越吟。

（1）先有頔塘故道，后有南浔繁华

頔塘为东西流向，宽近百米，来自于苕溪之水；西起湖州东门二里桥向东，东至南浔镇与京杭大运河相接，两岸池塘星布，阡陌纵横，桑林遍野。省际公路沿塘北岸而过，这里是连接湖州与嘉兴、苏州、上海等地的水陆交通要道。由于风光旖旎，加上对沿途市镇的发展起了很大作用，頔塘被誉为"中国的小莱茵河"。

頔塘，初名"荻塘"，已在湖州大地流淌了1700多年。其最早由西晋太康年间吴兴太守殷康主持开凿，因沿岸遍布芦荻，所以名为"荻塘"。河道历代疏浚不辍，与太湖南岸如梳齿般密集的小河一起形成巨大的水网，既能减轻旱涝灾害，又灌溉了浙北数万顷农田，有研究者将其比作"浙北的都江堰"。

唐贞元八年（792年），湖州刺史于頔对其进行了大规模整修，使得水路通畅，百姓为感念其功德，把"荻"字改为读音相同的"頔"

字,故名"頔塘"。明万历年间,湖州知府陈幼学以青石修筑堤岸,塘岸面貌大为改观。1923—1928年,在当地富商召集下,对頔塘进行大规模维修,为此特地成立了董事会运作工程,施工中采用水泥作为黏合剂,使得塘岸更加坚固,河道焕然一新。根据《重建吴兴城东頔塘记》碑文记载,工程共耗银28万余元,大部分由浔湖商界和群众赞助。

自南宋淳祐季年(1252年)南浔建镇以来,逐步形成了以东西頔塘和南北市河相交形成的"十"字港为中心的市镇,府衙、商铺、民居分列河边。通津桥如长虹卧波,横跨古运河,高敞大气。桥畔为古镇商贸中心及"辑里湖丝"集散地。

(2)沟通京沪,远涉重洋

明末,在桑蚕经济的推动下,南浔工商业引领江南,出现了资本主义萌芽。依托頔塘,南浔人北上可入长江,向东可达上海,与对外通商口岸交往密切,信息灵通,眼界开阔。借助上海开埠的机会,南浔进入巅峰时期,形成了中国近代史上影响深远的丝商群体。1851年,南浔"辑里湖丝"在伦敦首届世博会上脱颖而出,夺得大奖,由此牵起中国与世博会的第一根红线。以辑里湖丝为代表的产品走向世界,西方先进的文化思想也传入南浔。中西方文化交融共存,南浔在江南古镇中独树一帜,这一特点在南浔私家园林中得到充分体现。

20世纪50年代,随着经济发展,对航运等级提出了更高要求,于是在南浔镇以北开凿了一段新航道作为航运干线,从祇园寺旧址向东穿越古镇的1.8千米頔塘故道成为休闲观景河。全段均为砖石护坡,间有多处河埠及支流。刘氏通德堂、庞氏旧宅、金绍城旧宅、张雪庄旧宅、邱仙槎旧宅等古宅大院历经风雨依然保存完好,基本维持了古朴的明清风貌,成为运河文化"活化石",是湖州社会、经济发展的见证。

近些年来,政府除了疏浚河道、加固堤岸、建造桥梁外,还把文化创意置入旅游产业,引进了民宿、展馆、国学教育等业态。通过生态环境修复、城市功能完善、居民生活品质提升等措施,塑造水乡人文景观,把頔塘故道打造成小而美的江南胜地。

走在南浔古镇,可见粉墙黛瓦的背景里,慈祥的老人们倚在石桥上晒太阳,阿姨们一边在水边洗衣洗菜,一边聊天,这样的场景如今似乎只能在电影中寻觅到。坐一叶扁舟,懒散地躺在船尾,听着吱呀的摇橹声,波纹向两边退去,梦里的江南水乡就这样扑面而来。

3. 新市古风存

新市古镇位于湖州市德清县东部,已有1700多年历史。大运河穿境而过,带来舟楫之利,新市街市兴旺,古桥如虹,曾是浙北重要商埠。

(1) 江南本色

近些年来,新市名气不如乌镇、南浔等响亮,但正好多了一份不被打扰的安详和宁静。没有拥挤的人潮,有的是浓厚的生活气息和深巷中被倾听的故事。行走在新市古镇,会听到当地人嘴边常挂着两个词,一个叫"百坦",一个叫"安耽",意思就是不要急,慢慢来。由于小镇的古朴、安宁，电影《林家铺子》《蚕花姑娘》等都曾在这里取景，细腻地展现了水乡的诗意和韵味。

新市历史遗存丰富，现有全国重点文物保护单位——大运河新市河埠群及南圣堂，以及省市级文保单位数十处，包括千年古刹觉海寺等3座寺庙、状元桥等12座古桥、明清驳岸1500多米，古河埠码头130多座；历史街区主要有西河口、南汇街、南昌街、朱家弄、寺前弄、北平街等，有明清、民国时期古建筑8万多平方米；此外，还有蚕花庙会等非物质文化遗产数项。

新市古称"仙潭"，因水成街，西晋永嘉年间即有集镇。据说早年间全镇被河道分割成18块，再由架在河面上的72座桥梁连成一片，36条各具特色的弄堂贯穿于街市之间。由于土地肥沃，灌溉便利，拥良田万顷，新市稻米、蚕桑品质上佳，依托漕运输送到华北、中原，"湖丝"美名扬天下。

宋光宗绍熙年间，某年春末夏初，诗人杨万里从临安（今杭州）去建康（今南京）的路上经过新市，酒楼、村落、歌舞、乡音让诗人留恋不已，于是写下一组《宿新市徐公店二首》，其中第二首是中国诗歌史上描写田园风光的名句：

篱落疏疏一径深，树头花落未成荫。
儿童急走追黄蝶，飞入菜花无处寻。

（2）画卷待续

唐宋以来，新市一直是漕运重镇。19世纪中叶国门渐开，当地的丝绸贸易顺着运河一直辐射到宁波、福建，远达南洋、日本，新

> 俯瞰新市古镇　　计海新 / 摄

市是古代海上丝绸之路的发源地之一。河水孕育了财富，也塑造了古镇的形态。街坊傍水而居，格局、样式明显有着生意人家的特征：前店后寝，厅大院小，便于贸易洽谈。新市人文荟萃，南宋出过状元诗人、曾任丞相的吴潜；清代有花鸟大家沈铨，清雍正九年（1731年）他应日本天皇之聘，偕弟子东渡，历时3年，深受日本人推崇，被誉为"舶来画家第一"。近现代，西风东渐，文教发达，这里涌现出著名翻译家赵萝蕤等文化名人。

新市蚕花庙会是当地最热闹的民俗活动。每年清明，十里八乡的蚕农们都要聚到觉海寺一带祈求蚕神保佑蚕桑平安，还会

> 新市古镇夜景　计海新/摄

山从天目成群出　水傍太湖分港流

> 湖州新市镇，这里的养蚕户为期盼蚕茧的丰收，每年举办一次蚕花庙会，选出每年的蚕花娘娘，进行踩街巡游，来自四面八方的蚕农拥挤在一条街上，抢接蚕花娘娘撒下的鲜花，象征着蚕宝宝健康成长　　梁臻 / 摄

举办花车巡游、秧歌、腰鼓、木兰扇舞等表演。妇女们在这天会打扮得格外美丽，怀揣蚕种，头戴各式用彩纸、绸帛做成的花朵，名为"蚕花"。一路上人山人海，热闹非凡。庙会结束后，人们就投入到春耕育蚕里去，开始一年的辛劳。

　　近几年来，为了进一步弘扬古镇遗产价值，传播文物保护理念，新市正在进行申报世界文化遗产工作。这幅运河画卷，将迎来更有想象力的描绘。

第四章
来往舟行看不足 此中风景胜扬州
——湖州运河人文遗产

1. 一支湖笔写春秋

中国书画界有"一部书画史,半部在湖州"之说。为什么不在"天堂"——苏州、杭州,也不在士大夫成群的古都西安、北京,而是花落湖州?

这是因为湖笔。中国书画是一门毛笔笔尖上的艺术,湖州毛笔自宋元以来就是中国毛笔的代表。

(1) 毛颖之技甲天下

湖笔产自湖州市东南 40 千米处的南浔善琏古镇。早在晋代,善琏制笔业就有了一定名气。据说书法家王羲之就喜欢湖笔,永和四年(348 年),他来到吴兴(今湖州)当太守,出于自己深厚的书法造诣,他建议当地人采用竹竿做笔杆,轻便灵活有利于书法家发挥。

> 农历九月十九,湖州市举行纪念笔祖蒙恬的"蒙恬会"。湖州是湖笔之乡,秦代大将蒙恬是湖笔的"行业神"　郁兴/摄

3年后,王羲之改任会稽(今绍兴),永和九年(353年)暮春之际,他用从湖州带去的鼠须笔写就天下第一行书《兰亭序》。

　　隋朝,王羲之的七世孙智永禅师也对改进湖笔工艺做出了独到的贡献。他爱笔成痴,成年累月与笔工切磋技艺,使湖笔更贴合书法家要求。唐宋以后,一批文人名家先后在湖州为官,如颜真卿、杜牧、苏东坡等,相继给湖笔文化增添了光环。湖州籍书画大师赵孟頫非常看重毛笔质量,在他的"鞭策"下,笔工更加精益求精,造就了湖笔的辉煌,终与徽墨、端砚、宣纸一起被称为"文房四宝"。

　　俗话说"笔墨纸砚",之所以把笔放在首位,是因为其制作工艺太繁杂。善琏有句形容事情难做的俗语："毛笔一把毛，神仙摸不着。"判断毛笔好坏的主要依据就是"笔毫"，小小笔头上的每根兔毫、羊毛都是"千万毛中拣一毫"得来的。

湖笔行业对毛笔的制作抱着虔诚的态度，要求从业者严格遵守"三义四德"。"三义"，即工艺要秉承"精、纯、美"的准则；"四德"，即成品湖笔要"尖、齐、圆、健"，四德齐备。每人各有分工，一辈子只从事某一环节工序，这是"工匠精神"的典型代表。

明清时期，湖州是宫廷御笔的主要制作基地。据明代《戒庵老人漫笔》记载，"弘治时，吴兴笔工造笔进御，有细刻小标记云'笔匠施阿牛'，孝宗见而鄙其名，易之曰施文用"。小小笔工还得到了皇帝赐名，一时成为佳话。

（2）千万毛中拣一毫

如今的湖笔业已然少了昔日的传奇色彩，但还是保留着传统工艺，一直由纯手工制作。制笔是一个系统工程。每支湖笔要经过择料、水盆、结头、蒲墩、装套、择笔、刻字等12道大工序。每个大工序又可被分解为少则二三道，多至二三十道小工序。一支上好的湖笔，约需128道工序。

湖笔以羊毫为主，先分拣出40多种毛料，以适应毛笔各种规格或用于笔头不同部位。分拣好的毛料交给水盆工，在水盆中对毛料进行浸洗、筛选、梳理、整形，前后需要20多道小工序，制作上好的笔头时一位笔工一天只能完成两三道工序。结头是将水盆工做好的半成品晒干后用丝线扎稳根部，再将熔化的松脂涂在笔头底部将其黏结，防止脱毛。蒲墩，即对笔管的竹竿原料进行逐根分选，因旧时笔工坐在蒲墩上操作,故得此名。装套,即将笔头和笔杆按规格对号组装。择笔,是对安装好的笔头进行最后整理,将不符合要求的毛一根根剔出。最后在笔杆上刻上笔的商品名称和生产单位。

随着时代变迁,毛笔基本退出日常书写工具的行列。就像许多传统工艺品一样,湖笔制作工艺的退化也十分明显。部分技艺已经失传,技工后继乏人。好在,还有少数制笔大师仍在坚持。2006年,湖笔制作技艺被列入第一批国家级非物质文化遗产名录。湖州建有湖笔博物馆,展示着湖笔的前世今生。从2002年起,湖州每年举办大型湖笔文化节,成为全城盛事。湖笔文化广泛传播,学校普遍开设书法、绘画课,各种书法工作室遍布街头巷尾。

> 制作湖笔的工匠　　王志成 / 摄

> 一名男孩参加在蒙恬祠举行的祭笔祖仪式　　郁兴 / 摄

2. 飞英塔：塔中有塔妙绝伦

　　雄峙在湖州市东北角飞英公园里的飞英塔，高峻挺拔，闻名遐迩，是古城的象征。走在市区，远远就能看到它暗红色的塔影，尖尖的塔刹直冲云霄，舒展的翼角和简洁的檐面有着宋代特有的古朴。"飞英"之名取自佛家经典中的"舍利飞轮，英光普现"之意。若仅仅是这样一座古塔，虽然珍贵，但无法称"全国唯一"。宋塔的外壳内其实大有乾坤，藏着一座雕工精美的唐代佛塔。

　　走入飞英塔，沿着阶梯盘旋而上，就能领略这"国之瑰宝"的

> 采用传统方法制作的湖笔更具灵气和艺术气息　徐和德 / 摄

全貌。据史料记载，唐咸通年间有僧名"云皎"，其游历长安（今西安）时，得大师赠予佛舍利及阿育王饲虎面像，归来后建石塔藏之。舍利塔始建于唐中和四年（884年），坐落在当时的上乘寺西侧院内。此塔后来塌毁废弃，现存石塔重建于宋高宗绍兴年间，白石砌筑，五层八面实心，仿木结构楼阁，分段雕刻砌叠。塔残高14.55米，塔顶已毁。

塔基周围布满莲瓣、走兽、花草等浮雕，还有16只狮子，翻拱嬉闹，栩栩如生。五层的每面都雕有佛像，共1048尊，有的打坐，有的挥手，还有的念经，姿态刻画得细致入微。尽管下面两层较多已被损毁，但上两层的石雕，工艺之精细、线条之流畅，堪称古代艺术精品。

因据说有神光现于石塔的塔顶，北宋开宝年间在石塔外增建木塔作为罩护。北宋诗人苏轼任湖州知州时，多次登临飞英塔，有诗云：

忽登最高塔，眼界穷大千。

卞峰照城郭，震泽浮云天。

南宋绍兴二十二年（1152年），外塔遭雷击而毁，因"舍利无恙"，旋即重修。后来元、明、清各朝均对其加以修葺。

千百年来，文人墨客对飞英塔题咏不绝。元代赵孟𫖯也有《登飞英塔》诗：

梯飙直上几百尺，俯视层空鸟背过。

千里湖光秋色尽，万家烟火夕阳多。

鱼龙滚滚扶舟楫，鸿雁冥冥避网罗。

谁种山中千树橘，侧身东望洞庭波。

现存外塔为砖木混合结构，不施彩绘，红墙青瓦，朴实无华。因内含石塔，外塔构造别具一格。四层以下为中空，上三层统设楼面，六层底架设十字交叉的千斤梁。沿塔壁挑出各层平座和楼梯，内可观石塔，外可瞰湖光。每个檐角都有一串铃铛，清风吹拂时，发出悦耳的叮当声。

1929年，飞英塔因年久失修，塔顶长期漏损而突然倒塌，继而日趋残破，令人扼腕。中华人民共和国成立后，政府对其加以保护和维修。20世纪80年代初，有专家陆续来湖州对飞英塔进行认真勘察，确认它是国内罕见的古塔珍品。1982年国家文物局拨款对飞英塔进行大修，历时5年竣工。1988年飞英塔被批准为国家重点文物保护单位。

嘉兴

> 嘉兴江南风情　薛毅/摄

第五章 吴头越尾第一大都会
——嘉兴城市概述

位于浙江省东北部的嘉兴是京杭大运河在江南的转折点,运河汇入嘉兴南湖后,转向西北直抵杭州。嘉兴地处长江三角洲杭嘉湖平原腹心,是江南重要的鱼米之乡,江、海、湖、河交汇,与沪、杭、苏、湖等城市相距均不到 100 千米,区位优势明显。

1. 嘉禾一穰,江淮安康

这块土地具有悠久的历史,是新石器时代马家浜文化的发祥地,有约 7000 年人类文明史,约 2500 年文字记载史,约 1700 年城市建设史。春秋时,此地名"长水",又称"槜李",吴、越两国往来角逐,后纳入楚境。秦朝设置由拳县、海盐县,属会稽郡。居民煮海为盐,屯田为粮,经济开始发展。公元前 216 年,

> 江南水乡嘉兴月河街　　杨友/摄

秦始皇南行"至钱塘临浙江，曾至由拳登海盐驻秦山"。大约2200年后，这里修建了中国第一座核电站——秦山核电站。三国时期，孙吴割据江东。孙权听说"由拳野稻自生"，认为是祥瑞，改由拳为"禾兴"，赤乌五年（242年）改称"嘉兴"。隋朝开凿江南运河，从杭州经嘉兴到镇江，进一步带来灌溉舟楫之利。唐朝，朝廷在此屯田27处，"浙西三屯，嘉禾为大"，嘉兴成为中国东南部重要产粮区，有"嘉禾一穰，江淮为之康；嘉禾一歉，江淮为之俭"的说法。五代十国时期，吴越国在嘉兴设置开元府，嘉兴自此从苏州分离出去，首次设立州府级政权。宋元年间，嘉兴被誉为"百工技艺与苏杭等"，乍浦、澉浦、青龙等港口货运频繁，海运兴隆，贸易发达，是浙西重要经济城市。元代诗人萨都刺经过嘉兴时，写有一首《过嘉兴》，生动描绘了江南的娉婷美景和醉人风韵：

三山云海几千里，十幅蒲帆挂烟水。
吴中过客莫思家，江南画船如屋里。
芦芽短短穿碧沙，船头鲤鱼吹浪花。
吴姬荡桨入城去，细雨小寒生绿纱。

据明弘治《嘉兴府志》记载，"嘉兴为浙西大府"，"江东一大都会也"。在农业和手工业发展基础上，嘉兴商品经济日渐繁荣，棉布丝绸行销南北，远至海外。嘉兴王江泾丝绸有"衣被天下"的美誉，嘉善有"收不完的魏塘纱"的谚语，桐乡濮院镇丝绸"日产万匹"，闻名遐迩。

2．通江达海，锦绣之城

明末清初，战乱频仍，嘉兴饱受摧残。清廷进行了赋税改革和整顿，市镇逐渐恢复繁荣。清末，列强打开中国大门，政治变革风起云涌。浙江得风气之先，修建了沪杭甬铁路，自此，从嘉兴可以坐火车直达上海。1921年，中共一大代表正是顺着这条铁路迅速从上海转移到嘉兴南湖，商讨建党大业。

由于地处"吴根越角"，嘉兴自古多移民，乐于接受新生事物，社会风气较为通达开放。加上南宋都城迁至临安，嘉兴抓住机遇成

> 嘉兴南湖　陈小铁/摄

为"畿辅之地"。"商而优则仕",尊师重教蔚然成风。据史料统计,明清两代江浙共出进士 2000 多人,其中嘉兴就有 600 多人。

嘉兴文星璀璨,光耀江南,如唐代著名诗人顾况和刘禹锡、中

> 嘉兴古镇,赏月　唐民皓 / 摄

国十大名相之一陆贽、清代学者朱彝尊、清末大儒沈曾植、国学大师王国维、翻译家朱生豪、诗人徐志摩、著名民主人士沈钧儒、文坛巨匠茅盾、漫画家丰子恺和张乐平、物理学家黄昆、数学大师陈省身、小说大家金庸等。现中国科学院院士和中国工程院院士中，嘉兴籍的也有数十位。

嘉兴的自然风光，以水乡古镇名，以山海涌潮胜。既有小桥流水，烟雨朦胧；也有百里沙滩，水天一色。海宁市（县级市）盐官镇的大潮更是一绝，农历八月十五至八月二十为"观潮节"。潮来时，浪花并举，犹如千军万马，气吞山河。

嘉兴旅游资源十分丰富，人文景观遍布。有国家 5A 级景区和全国重点文物保护单位数处，南湖、西塘、乌镇久负盛名，还有海盐绮园、南北湖、九龙山、莫氏庄园、烟雨楼等著名景点，让人在享受优美风光的同时，把握江南文化的脉搏。嘉兴非物质文化遗产琳琅满目，海宁皮影戏、硖石灯彩、平湖西瓜灯、桐乡蓝印花布等都是传统工艺奇葩。

今天的嘉兴，是沪杭、苏杭交通干线的中枢，长三角城市群和上海都市圈重要城市、杭州都市圈副中心城市；民营经济引领全国，是中国外向型经济的领头羊，社会综合发展指数在全国地级市中位于前列。嘉兴，这座古老的都市，其 2.0 版更受期待。

第六章 因河而嘉 临水而兴
——嘉兴河城共生

大运河始于春秋，贯于隋元，盛于后世，使各地经济、文化互通有无，有人称它是"中国城市的温床"。运河通，则人丁兴，嘉兴也是这样一座典型的运河城市，大运河环城而过，形成了独具特色的"运河抱城、八水汇聚"奇观。

1. 晓风催我挂帆行

嘉兴市境内运河主要为江南运河东、中线部分河段。东线从江苏平望入浙，经王江泾、嘉兴至杭州；中线从江苏平望、经江苏鸭子坝入浙，经王江泾、乌镇等处至杭州。嘉兴市域的运河干线有81千米，支线崇长港7.5千米，上塘河22千米，合计约110千米。大运河嘉兴段途经秀洲区、桐乡市和海宁市，经过的主要集镇有秀洲区王江泾，桐乡市石门、崇福、大麻、乌镇，海宁市许村、长安、周王庙、盐官等。

在列入《世界遗产名录》的中国大运河项目中，嘉兴段110千米运河河道全部入选，占申遗河道总长度的十分之一以上。它是沟通太湖与钱塘江两大水系的大动脉，包括苏州塘、嘉兴环城河、杭州塘、崇长港、上塘河、桐乡崇福至杭州坝子桥6段河道，生动展现着大运河自春秋至现代的完整历程。另有长虹桥、长安闸作为遗产点也入选世界遗产名录。

京杭大运河嘉兴段还有三个"唯一"：第一，桐乡石门镇有整条运河唯一一个90度大转弯；第二，嘉兴是全国唯一以原生态大运河为环城河的城市；第三，这段运河从最初开掘以来，一直没有经过人为改道，也就是说，河床没有变动过。历经2000多年的疏浚、建设，其沿线保留着丰富的历史遗存，有码头、仓储、桥梁、河埠、海关、教堂等丰富的物质文化遗产，还有轧蚕花、网船会等大量非物质文化遗产。

嘉兴地处杭州湾，濒临东海，背靠太湖，河湖交错，密如蛛网，埠头系舟，石桥跨渡，名字里嵌入与水有关的"汇、埭、圩、浜、港、溪"等字的村镇随处可见。嘉兴开凿运河的历史最早可追溯到春秋时期，那时即已出现沟通太湖流域与钱塘江的人工河道——古长水和百尺渎。公元前482年，越王勾践开挖越水道（今崇长港），是嘉兴市境内最早有确切记载的运河。由于河道纵横，吴、越两国成为中国历史上最早使用船只进行水战的国家。

公元前210年，秦始皇修筑陵水道，连通嘉兴、杭州，开河筑堤，形成水陆并行的通道，奠定了日后江南运河在嘉兴市境内的大致走向。汉武帝时，为了方便征收闽越赋税，从苏州以南沿太湖东缘开挖了苏嘉之间长百余里的河道，并与陵水道连通。至此，嘉兴运河贯通，即为京杭大运河苏州至嘉兴段的前身。610年，隋炀帝完成了南北大运河的沟通，嘉兴成为江南运河的重要节点，从此确立了嘉兴"左杭右苏""南北通衢"的运河枢纽地位。

2. 一城居中，八水环绕

河道还塑造了城市的面貌。经过唐宋两代水系治理，以嘉兴城为中心，苏州塘、杭州塘、长水塘、三店塘、海盐塘、平湖塘、嘉善塘、新塍塘8条河流呈放射状通达周边，民居沿河而立。嘉兴人习惯把河叫作"塘"，把大运河称为"官塘"，苏州塘、杭州塘指的就是大运河，以嘉兴市区的杉青闸为界，流向苏州的叫"苏州塘"，从杭州而来的叫"杭州塘"。

南宋时，嘉兴城作为首都临安的辅助城市，重要性大为提升。史料记载："……环城皆濠，四门水陆并通，七十一桥，三十五坊，纵横交错，舟车财货丰阜。"北门月河一带尤其繁华，发展成江南有名的街区。至今从中街、殿基湾、小猪廊下、烟作弄、糕作弄、蒲鞋弄等街名还可以看出街道当年的功能特点。"父老禾兴旧馆前，香粳熟后话丰年"，清初诗人朱彝尊的诗句生动地描述了月河百姓陶然而居的祥和场面。

元至元三十年（1293年），京杭大运河全线贯通。至正十九年（1359年），起义军将领张士诚发动军民开挖从塘栖至杭州的新河，

> 嘉兴大运河上的长虹桥　冯海军 / 摄

> "江南网船会——流淌着的运河民俗"活动在嘉兴市秀洲区王江泾镇拉开帷幕。天蒙蒙亮,太湖流域的渔船纷纷来到莲泗荡赶江南网船会　袁培德 / 摄

> 嘉兴市举行江南水乡集体婚礼,70名新人乘坐彩船在运河上巡游　　冯海军／摄

> 一位老人从嘉兴市北㯹桥上走过,远处,充满江南水乡韵味的古运河风景隐约可见
冯海军 / 摄

使江南运河南端改道,形成由桐乡崇福经余杭塘栖至杭州的走向,基本保留至今。

大运河嘉兴段部分水工设施代表了当时世界水利工程的先进水平。比如,北宋始建的长安闸最早使用了"拖船坝""复式船闸"技术,实现了运河水系中不同水位河道间的航运功能;明朝始建的长虹桥则是建在浙北平原软土基上的最大石拱桥,证明了当时高超的桥梁建设水平。

明清以来,嘉兴经济发达、人文鼎盛。嘉兴市区南部的梅湾街南临鸳鸯湖(现称"西南湖"),北靠城墙,连接大运河、长水和环城河，为嘉兴米市和土丝贸易集中地。直到抗战期间，内外交困，这里仍然客商不绝。翻译家朱生豪在1935年的一封信中描述河中景象："每天早上便有人喊叫开船了，到朔望烧香或迎神赛会期间，门前拥挤不堪，连店堂里也挤满了人。"

民国年间，嘉兴城墙被拆，并于城基筑路，名为"环城路"。今古城街巷虽有拓宽或改造，但中心城区自唐末形成的"一城居中，八水环绕"格局基本未变，代表性的建筑遗迹尚存，东晋干宝《搜神记》中记录的许多地名沿用至今。

中华人民共和国成立后，虽然百废待兴，但呵护运河的情感一直在延续。特别是改革开放以来，大运河江南段得到彻底整治，普遍提高了航道级别，运输能力呈几何级提升。现在的大运河流金淌银，是铁路和公路之外的另一条重要运输通道。

2015年，嘉兴市正式亮出打造"运河国际旅游休闲城市"的口号，发展运河旅游成为重中之重的任务。在多年的运河申遗工作中，政府全面清点了运河遗产信息，设置统一标识，还建成嘉兴运河文化展厅及大运河长安闸遗产展示馆。以运河保护为抓手，守住城市的历史根脉和文化基因。2018年，位于秀洲区王江泾镇的嘉兴运河文化省级旅游度假区正式挂牌，这是大运河沿线一家具有江南特色的文化旅游区。

如今，在海盐郑家埭，架起了一座超长跨海大桥——杭州湾跨海大桥，天堑通途，车流如梭；不远处的明清石拱桥悠闲淡定，人来人往。古今交汇，并行不悖，这注定是一座生命历程里与水结缘的城市。

第七章 闭门防惊鹭 开窗便钓鱼
——嘉兴大运河道

1. 长安闸：护漕长安五百年

嘉兴海宁有一个长安镇，曾是商贾云集、万家灯火的运河大镇。镇上有相隔不远的3座闸桥，桥下就是闻名遐迩的长安闸遗址，被列入大运河世界遗产项目遗产点。它是江南运河上修建最早的船闸，也曾是古运河上最繁忙的船闸之一。如今虽然只留下些平淡无奇的宋代闸石，但我们仍能通过前人留下的诗词，体会当时长安航道的重要性和闸门的盛况。

> 海宁古镇　秦有为/摄

> 嘉绍大桥北起嘉兴市海宁市,南接绍兴市上虞区,全长 10.137 千米,是继杭州湾跨海大桥后,又一座横跨杭州湾的大桥　　陈加华 / 摄

(1) 篙尾若雨,樯竿如堆

北宋时,大运河是沟通杭州与都城汴梁之间的大动脉,长安镇是必经之地。宋室南渡后,建都临安,江南运河舟楫不绝,长安镇地位益加重要。南宋绍兴十四年(1144 年),诗人范成大从苏州乘船去往临安考试,为长安闸的壮观景象所震撼,写下脍炙人口的《长安闸》:

斗门贮净练，悬板淙惊雷。黄沙古岸转，白屋飞檐开。
是间衮丈许，舳舻蔽川来。千车拥孤隧，万马盘一坯。
蒿尾乱若雨，樯竿束如堆。摧摧势排轧，汹汹声喧豗。
偪仄复偪仄，谁肯少徘徊！传呼津吏至，弊盖凌高埃。

诗中描绘的斗门即闸门，悬板即闸门板，因其间有隙缝，水流冲泄而出，声若惊雷，状如白练。"蒿尾乱若雨，樯竿束如堆"这几句描绘了开闸过船时的紧张和忙碌，因为那时浙江仅有这一个船闸可通北方，故而千帆相拥，樯橹相连。

长安闸下的河道名为"上塘河"，旧称"长河"，起点在杭州大运河边施家桥处，流入嘉兴市海宁市境内，过长安镇至盐官汇入钱塘江。其实，今天的上塘河并不是大运河的主航道，元末上塘河因大旱一度干涸，抗元起义军领袖张士诚召集民众，从北新关开凿新运河到奉口东武林头，从此去往杭州的主水道绕开了上塘河，长安航道的重要性大大降低，长安闸也不复往日情景。

长安闸的建设，可以追溯到唐朝。由于浙北运河受地形影响，水位较浅，大型船舶难以通行，给漕粮运输造成很大障碍。而盛唐时的长安已是世界上规模最大的都市，对于江南的漕粮物资有着极大渴求。为了提高水位，唐贞观八年（634年）在桑亭修筑名为"义亭埭"的土坝。后来此坝还是无法满足漕船需求，于是修筑长安闸，开启了这里的辉煌历史。

（2）泽被后世的工程理念

北宋经济发达，长安闸愈加繁忙。北宋熙宁元年（1068年）对其进行了扩建，形成上、中、下三闸，航道水位差得到有效平衡，航行条件大为改善。格局为三闸两澳复式结构，澳相当于小水库，闸门关闭后，截住水流，引入澳中。水蓄满后，船只进入，可以解决上下通行问题。长安闸具备引潮行运、蓄积潮水、水资源循环利用等多重功能，这一技术的出现比欧洲大约早了300年。现今的葛洲坝、三峡大坝也是采用类似的原理解决通航问题的。

除了三闸，这段河道还包括两座坝。闸和坝是不同的水利工程设施，在一地并存的设计并不常见。坐船沿上塘河进入长安镇再前行，就来到"分水墩"，河道至此分为两条，各划一个弧形，向左通往"长安三闸"，向右通往长安坝。河水在下闸附近合而为一，汇入下河，再一路向北流去。

北宋熙宁五年（1072年），日本僧人成寻从杭州去山西五台山参访，往返经过长安闸，一系列有条不紊的操作给他留下了深刻印象，都被详细记录在《参天台五台山记》里。

如今，长安闸过船的景象早已不见，我们只能闭上眼睛，努力想象漕运鼎盛时的画面了：水深浪宽，石岸斑驳，码头错落有致，河中舟楫如梭，长安闸门次第开放，船只鱼贯而出，一路往北。樯橹翻飞，风帆点点，满船的珠米、丝绸、瓷器、茶叶，直抵京师和中原，进入千家万户，那是怎样壮观的景象啊！

2. 长虹桥：长虹卧波，界分江浙

"运河水乡处处河，东西南北步步桥。"顺着运河进入江南后，一路水多、桥多。长虹桥位于嘉兴市境内，它横空出世，定格在王江泾镇东南河面，是运河进入浙江的标志性建筑，也是被列入大运河世界遗产项目的遗产点。

（1）桥型冠浙北

长虹桥是浙北平原最大的古石拱桥，也是大运河上罕见的巨型三孔实腹石拱桥，帆影、农船、路人、驳岸，映衬着桥身的挺拔宏伟。往昔天气晴朗时，登桥远眺，北面吴江盛泽、南面嘉兴北门隐隐可见。有诗称赞"虹影卧澄波，登高供远瞻。南浮越水白，北接吴山绿"。

> 王江泾长虹桥是嘉兴大运河的起点　李剑铭/摄

闭门防惊鹭 开窗便钓鱼

长虹桥桥长72.8米,桥面宽4.9米,桥身如驼峰高耸,两侧设大块长条石护栏,端部置抱鼓石。护栏石砌成靠背式,可供行人小憩或观景。桥顶为方形平台,正中刻着精美的佛教吉祥图案。东西两端石级陡峻,各有57级。桥南北两侧中孔拱券旁各设石对联一副,文字已无法辨认;两边孔旁各设石对联两副,多为劝世、祝福内容。桥下两侧还分别塑有两尊造型奇特的神兽,据当地老人介绍,这是东海龙王的九太子,用来镇水护桥。长虹桥的建造,充分体现了我国古代桥梁施工水平的高超。浙北平原处于软土地带,长虹桥横跨两侧软土地基,历经数百年巍然耸立,是中国水利工程史上的珍品。为了减少土基承受的压力,除了桥身采用薄墩薄拱结构减轻自重外,还采用了变桥幅构造,即桥宽从桥顶至两端桥堍逐渐加宽,由此增加桥梁结构的稳定性,相应地增强了地基承载力。通过这些巧妙的措施,长虹桥至今完好地在大运河上为人们服务,受到现代桥梁技术专家好评。

长虹桥的另一个建筑亮点是其拱券形式颇有特色。通常拱券都是采用半圆形,少数为圆弧形,此桥拱券采用马蹄形,即圆拱的圆心夹角大于180度。这样的造型大多分布于浙江绍兴等地,现存极少。

(2)南瞻秀驿,北望吴山

长虹桥已有四百年历史,始建于明万历三十九年(1611年)。明代嘉兴名士李日华在万历四十三年(1615年)四月八日的日记中记载:"太守名国仕……又建桥于泾上,民德之,因立祠于桥左。"

历经风雨沧桑后,清康熙五年(1666年)地方政府对长虹桥重建。百余年后,桥身倾颓,清嘉庆十七年(1812年),平民唐秉义发起再建。据史料记载，捐资者达数百人，共募银 32000 两，使建桥得以顺利完成。修桥铺路，积德行善，嘉兴人对唐氏的义举一直铭记在心。

清咸丰十年（1860 年），太平军与清兵在王江泾激战，长虹桥两侧桥栏部分损毁。清光绪六年（1880 年），富商唐佩金出资对其进行修复。桥西堍原有一古寺，名为"一宿庵"。相传古代有一高僧云游四方，在此住过一夜。清人宋景和有诗云："祇园半亩访烟霞，一宿高僧今在耶。独树婆娑八百载，忽飞清影落谁家？"这便是当年的真实写照。寺庙后来被改成城隍庙，再后来被毁。近年来，在原寺基础上建成规模宏大的"长虹古寺"，香火旺盛。长虹桥历来为过往文人名士所赞美，由此留下不少诗篇。清末文人周昌祚的《重九登长虹桥》详细描绘了长虹桥地理的殊胜和江南水乡的富足优美：

近地登临亦复佳，界分江浙动吟怀。
南瞻秀驿飞鸿远，北望吴山薄雾埋。
桑落酒香人共醉，水天秋老镜新揩。
疏钟几处闻萧寺，踏月归来露湿鞋。

乾隆皇帝六下江南，往返都经过嘉兴，长虹桥就是接驾桥，当时隆重的盛况可想而知。咸丰年间某位民间画家所作的《虹桥画舫图》生动地描绘了当时万民迎驾的场景：运河里停满各色各样的船只，有官船、民船、漕船等；一艘挂着龙幡的巨船正穿桥而过；岸边人山人海，还有人趴在树上瞭望；路边店铺林立，茶棚、小吃摊、

> 一宿庵原名"一粟庵",位于长虹桥桥堍。相传唐朝有一高僧云游四海,在此住过一夜,又传清乾隆皇帝住过一夜,改名为"一宿庵"　冯海军 / 摄

闭门防惊鹭 开窗便钓鱼

戏班等生意兴隆，好不热闹，一派与民同乐的盛世景象。此画堪称"江南的《清明上河图》"。

3. 嘉兴南湖：大运河道与中国历史在此转折

如今来嘉兴的游人都知道南湖，因为它是红色旅游景区。不过，历史上它素来以"轻烟拂渚，微风欲来"的迷人景色著称。另外它还是大运河的蓄水湖，起到调节水量、泄洪防淤的作用。

（1）多少楼台烟雨中

南湖位于嘉兴城南，故得此名。其早在三国时期就有记载，被称为"陆渭池"。南湖分为东、西两湖，两湖相连，形似鸳鸯交颈，因此又名"鸳鸯湖"。宋代以后，南湖与杭州西湖、南京玄武湖并称"江南三大名湖"。

南湖面积600多亩，汇集了周围长水塘、海盐塘、长纤塘等河道流水。湖中有两个人工小岛，一是湖心岛，面积不足18亩，上有烟雨楼等园林建筑，疏密相间，错落有致；另一小岛是被称为"小烟雨楼"的仓圣祠，位于湖面东北隅。

这里"波平岸远，酒酽鱼肥"，渔舟泛浪，残荷沁香，常常晨烟暮雨，醉人的景致吸引着众多文人墨客。

宋代词人朱敦儒晚年寓居嘉兴，经常优游南湖，寄情山水。在《好事近·摇首出红尘》中，湖面的旷达悠远，隐士生活的放浪不羁被他描绘得生动自然：

摇首出红尘，醒醉更无时节。活计绿蓑青笠，惯披霜冲雪。

晚来风定钓丝闲，上下是新月。千里水天一色，看孤鸿明灭。

> 嘉兴南湖旁的古塔　陈小铁/摄

> 嘉兴南湖 陈小铁 / 摄

> 俯瞰南湖　陈小铁 / 摄

闭门防惊鹭　开窗便钓鱼

清代嘉兴籍著名词家朱彝尊，也许是太爱南湖了，竟写下100多首诗来赞美它，而且几乎篇篇是佳品。比如《鸳鸯湖棹歌》之一：

蟹舍渔村两岸平，菱花十里棹歌声。

侬家放鹤洲前水，夜半真如塔火明。

乾隆皇帝南巡过嘉兴时必游南湖。湖光似镜，风景如画，让他文思泉涌。不过，乾隆皇帝乘着龙舟在南湖漂游时，绝对想不到两百多年后来了一群特殊的游客，也是坐着画舫在南湖游玩。不过他们"醉翁之意不在酒"，来此的目的是推翻封建专制，建立崭新的中国，而且他们成功了。

> 南湖革命纪念馆内展示的红船　杨素平/摄

（2）南湖红船

南湖红船是为了纪念中共"一大"在南湖游船上胜利闭幕而于1959年仿制的一条游船，是一艘代表中国共产党启程的航船。

第八章
吴姬荡桨入城去
细雨小寒生绿纱
——嘉兴运河人文遗产

1. 烟雨楼：天色有晴雨，湖光无古今

烟雨楼是嘉兴最著名的建筑之一，以唐朝诗人杜牧"南朝四百八十寺，多少楼台烟雨中"的诗意而命名，现已成为岛上园林的泛称。全园占地11亩，园内楼堂亭阁错落有致，短墙长堤回环围绕。

登岛观楼，只见重檐画栋，朱柱明窗。入口处为"清晖堂"，门为东北向，北墙石碑上刻"烟

> 嘉兴烟雨楼　刘志勇/摄

雨楼"3个大字，为清顺治年间书法作品。清晖堂后为"御碑亭"，有乾隆皇帝游南湖时的题诗手迹。御碑亭进内即烟雨楼正楼，高约20米，建筑面积640多平方米。登楼凭栏远眺，湖光似镜，苍茫清远。

烟雨楼始建于五代后晋年间。据记载，吴越王第四子、广陵郡王钱元璙在南湖畔筑台，作为招待宾朋、远眺湖景之用，不过当时并无"烟雨楼"之名。据《至元嘉禾志》载，"烟雨楼"三字始见于南宋吴潜《水调歌头·题烟雨楼》词。

明嘉靖二十七年（1548年），地方政府疏浚市河，所挖河泥被填入湖中形成湖心小岛，第二年仿"烟雨楼"旧貌建楼于岛上。后此楼不断扩建，名声日隆。明末楼毁，清初再建。

烟雨楼的扬名跟明末著名文学家张岱的介绍七分不开。《陶庵梦忆》里的《烟雨楼》一文这样描述道："楼襟对莺泽湖，滟滟蒙蒙，时带雨意，长芦高柳，能与湖为浅深。湖多精舫，美人航之，载书画茶酒，与客期于烟雨楼。客至，则载之去，叙舟于烟波缥缈。态度幽娴，茗炉相对，意之所安，经旬不返。"这正是文人雅士最喜欢的休闲宴饮场所。

乾隆皇帝曾八次登烟雨楼，对其倍加赞赏。湖心岛上有两处御碑亭，完好保存着乾隆留下的14首诗。为了迎接乾隆御驾，原本坐南朝北、对着城垣的烟雨楼把大门改成了南向。因为楼中要摆御座，不能让皇帝面北而坐。

清乾隆二十二年（1757年）他第二次南巡，重游烟雨楼，适逢天气晴好，诗兴大发，写下一首比较生动的《烟雨楼即景》，把南湖比作"东海蓬莱"，觉得天然美景足以畅怀，不需要什么人来献"渔

> 嘉兴烟雨楼内景　冯海军 / 摄

樵耕牧图"了。诗云：

不蓬莱岛即方壶，弱柳新篁清且都。
烟态依稀如雨态，潆湖消息递西湖。
自宜春夏秋冬景，何必渔樵耕牧图。
应放晴光补畴昔，奇遘毕献兴真殊。

乾隆对烟雨楼情有独钟，照此楼样式在承德避暑山庄的青莲岛上仿建了一所楼阁，也名"烟雨楼"，并题："庚子年南巡旋跸，携烟雨楼图归，游热河仿为之……"

清同治元年（1862 年），烟雨楼又毁于战火。直到 1918 年才重建主楼，形成现在的烟雨楼格局。

2. 嘉兴三塔：《国家地理》杂志的推荐

每个城市都有自己独特的标志性建筑，位于嘉兴西门外京杭大运河畔的三塔就是嘉兴古城的符号。这是3座并峙的唐代风格砖塔，临水而立，秀丽古朴，观之赏心悦目。过去，运河西来，水阔风急，

> 嘉兴三塔，造型美观，每层壁嵌铁制浮雕佛像

背着纤绳的船夫，远远看到三塔耸峙，不禁呼出一口浊气：嘉兴到了，终于可以歇歇脚了。

1926年，美国《国家地理》杂志来华采访，把三塔作为大运河的典型景观刊出，并对其做了详细的文字介绍，三塔的美名由此传遍世界。1930年，日本出版《世界文化风俗大系》一书，三塔被用作封面照片，可见三塔的倩影已经征服了不少中外游人。

三塔始建于唐贞观年间。传说当时塔湾有白龙潭，潭深水急，水下蛰伏着一条白龙，兴风作浪，过往舟楫常遭不测，平时潭中会有三道白光射出。人们正无奈时，一位高僧云游此地，召集民众运土填潭，建三塔于其上以镇之，从此来往的行船摆脱了危险。

其实，从地图上来看，大运河三塔湾段河道复杂。古时，运河北流至此，自东向北转了一个直角的急弯，河道向南折不过百米，又是一个直角急弯折向西行，往桐乡市境内而去，形成了大运河上有名的三塔湾。连续两个急弯造成水势复杂，给船只航行带来困难。在此建3座宝塔作为标记，便于提醒船员谨慎行驶，自然会减少"交通事故"。

我国宝塔甚多，遍布各地，但三塔并峙国内罕见，嘉兴三塔堪称奇葩，在浙江独领风骚。云塔映水，波光粼粼，白帆点点，杨柳轻拂，尽显水乡秀丽风光。

悠久的历史和优美的造型吸引着历代文人墨客赋诗作画，留下许多佳作。诗作如宋张尧同《嘉禾百咏·三塔》、元顾瑛《夜宿三塔寺》、明莫如忠《三塔》。画作有元吴镇作《嘉禾八景图》，其中"龙潭暮云"描绘三塔湾附近景观；明末项圣谟作《三塔图》，现藏于上海博物馆；清道光年间翁小海作《三塔图》，现藏于嘉兴博物馆。

以三塔为依托，附近还有几处胜地，茶禅寺即为其中之一。此寺唐代名"龙渊寺"，五代吴越国时称"保安院"，宋改称"景德寺"，又名"三塔寺"。相传苏东坡曾到此汲水煮茶，寺中因此建有煮茶亭。后来，乾隆南巡逗留此间，自然少不了饮茶赋诗，兴致所至，御笔一挥，赐名"茶禅寺"。有清一代，"茶禅夕照"为"嘉禾八景"之一。

三塔西侧原先还有龙王庙，是乡民祈求风调雨顺、桑茂蚕丰的圣地。过去每逢农历三月十六，乡民纷纷摇船祭神、赛舟，名为"踏白船"，观者如潮，这样的风俗一直保留到20世纪三四十年代。

三塔几经兴废，原塔最后重建于清光绪二年（1876年）。万分可惜的是，20世纪70年代为了修建水泥厂，把三塔给拆除了，一部分塔砖用来修建人民广场。到了2000年时，将水泥厂拆除，新建了三塔，周围兴建了公园。塔身造型依旧，但已经不复古塔的风韵。

今天的三塔湾，已非古时那样浩渺湍急，水流明显平缓，平静地滋润着嘉兴人的日常生活。朦胧中，似乎又看见这样一幕：粗布短衫的船夫们泊好船，将粗大的纤绳往三塔前面的石柱绕上几圈，然后坐在石驳岸上，擦着汗，喝水吹风。长年累月，石柱上被缆绳缠绕出深深的印痕，记录着漕运的沧桑……

3. 乌镇：江南的封面

京杭大运河流经嘉兴市桐乡北端，在杭嘉湖平原腹地造就了一处号称"江南封面"的东方水镇——乌镇。这里西邻湖州，北望苏州市吴江区，位于两省三市交界处，为江浙沪"金三角"之地，距杭州、苏州八九十千米，距上海百余千米。

近年来，乌镇还成为"世界互联网大会"的永久会址，古老的水乡插上互联网的翅膀，美名传向全世界。

（1）绝版水乡

从乌镇西栅大街往西，尽头就是滔滔运河。紧贴街区的白莲塔下，大运河由西向北拐了个大弯。站在运河与乌镇内河相接的望津桥畔，可见两岸绿树成荫，水面开阔。河堤边还竖着类似高速公路上的里程标志——"河牌"，写着距离苏州78千米，可见当地人的细心。登塔眺望，农田丰茂，船只往返，这条黄金水道依然呵护着沿线的城镇。

乌镇大小河流都跟京杭大运河相通，"十"字形的内河水系将全镇划分为东、南、西、北4个区块，当地人称之为"东栅、南栅、西栅、北栅"。以中市为中心，四栅各成体系。沿着河道，东、西、南、北4条老街呈"十"字交叉，河街平行、水陆相邻。

漫步乌镇，满眼都是明清建筑，白墙黛瓦，朱漆门，木隔扇，小巷幽深曲折，院落乱花迷眼，犹如一幅温婉的水墨画，轻描淡写在柔软的宣纸上。很多人家用木桩或石柱支撑在河边，上架横梁，搁上木板，盖起房间，称之为"水阁"。三面临水，所谓"人家尽枕河"，这才是名副其实。乌镇籍著名作家茅盾在一篇题为《大地山河》的散文中这样描述故乡的水阁："……人家的后门外就是河，站在后门口，可以用吊桶打水，午夜梦回，可以听得橹声飘然而过……"

> 嘉兴，烟雨乌镇　　胡莹/摄

吴姬荡桨入城去　细雨小寒生绿纱

乌镇的名字，当然不是因为集镇是黑色。早在远古时代，这里是一片水乡泽国中隆起的冲积平原，因土肥色深，名为"乌墩"。春秋时期，这里是吴越边境，吴国在此驻兵以防越国，史称"乌戍"。秦时，乌镇属会稽郡，以车溪（即今市河）为界，西为乌墩，属乌程县；东为青墩，属由拳县，分而治之。唐时，乌镇隶属苏州府。唐咸通十三年（872年）的《索靖明王庙碑》中首次出现"乌镇"名称，这一时期的《光福教寺碑》中则有"乌青镇"的称呼。

北宋元丰元年（1078年），有分乌墩镇、青墩镇的记载，后为避光宗讳（宋光宗名"赵惇"，与"墩"的发音相同），改称"乌镇""青镇"。元明清时期，乌镇属湖州，青镇属嘉兴。由于地处两省、三府、七县交界处，乌镇治安环境十分复杂，所以，明清朝在乌镇特设浙直分署和江浙分署，以一小镇而行使相当于府衙的职能。1950年两镇终于合并，称"乌镇"，直至今日。

（2）有滋有味慢生活

出生于乌镇的著名文学家木心写过一首《从前慢》，曾传唱一时：

从前的日色变得慢

车，马，邮件都慢

一生只够爱一个人……

这首诗完美传达了走在乌镇深巷的感觉。沾着雾气的石板路，微凉的清晨，水乡的雅致弥漫在每一个角落。1000多年来，镇址未变，水系未变，传统建筑依旧完好。陈旧的木板泛出黄褐色，斑驳的铜环咬着大门，氤氲着烟火人家的气息。飞梁斗拱、门窗栏杆上的雕刻工艺精湛，飞禽瑞兽惟妙惟肖，寄托着避邪祈福的良好愿望。沿河廊下，有人搬出一张小桌，泡杯茶或者小酌一番，优哉游哉。栏杆下有小船摇过，荡开一圈圈波纹。

有时深巷中飘出淡淡的酒香，那是乌镇有名的"三白老烧酒"；当铺里一切摆设如旧，隐约中能听见伙计的报账声；"宏源泰"老染坊高高晾挂的蓝印花布遮挡住了太阳，雕花、刻板、染整、挂晾等全然遵循着旧时的工艺；古戏台上正举办演出，锣声、唢呐声虽土腔土调，却洋溢着民俗风情……

乌镇有100多座古桥，大多高而陡，不施脂粉。这些桥最早建于南宋，有些桥还题有桥联，如西栅的通济桥："寒树烟中，尽乌戍六朝旧地；夕阳帆外，是吴兴几点远山。" 乘舟穿行在不宽的河道里，从桥下掠过，仿佛穿梭在时空隧道，每扇临河的窗后说不定就有一段故事。

想体会乌镇人原汁原味的生活，可以去西栅的茶馆。在西栅，四乡八邻的居民习惯在清晨摇着船出来喝早茶、赶早市。老茶馆规模都不大，两三间门面，十来张茶桌，参差排成两三行。配上狭长的条凳，一把大茶壶，若干只茶盅，就留住了古往今来的茶客。

乌镇的夜晚比白天更美丽。暖黄的灯光照亮夜幕，水面漂着莲花灯，薄雾朦胧了月色，轻摇船桨，如撒下一河碎银。累了，可寻一间临河的民居住下，体会枕水而睡的悠然。西栅是乌镇着力打造的观光体验区，由12座小岛组成，70多座小桥将这些岛串联在一起，河流密度和石桥数量为全国古镇之最。而且不管站在哪座桥边，都可以看到桥洞里的另一座桥，故有"桥里桥"之称，这也是乌镇独

> 嘉兴，水乡乌镇

> 乌镇的夜晚,民间艺人水上戏台献唱传统花鼓戏　陈拯 / 摄

特的风景。

　　乌镇一年中最美的季节是春天与秋天,一天中最美的时候是清晨与傍晚。东栅景区有汇源当铺、访庐阁、皮影戏、翰林第、修真观、余榴梁钱币馆、蓝印花布染坊、公生糟坊、江南百床馆……西栅景区包括昭明书院、草木本色染坊、评书场、乌将军庙、月老庙、北湿地、

龙形田、元宝湖等。乌镇还是舌尖上的水乡，随处可以买到地方特产，如姑嫂饼、杭白菊、三珍斋酱鸭、乌镇羊肉、熏豆茶、三白酒之类，都是原汁原味的。

> 嘉兴乌镇大剧院,古典水乡中的现代建筑

杭州

> 杭州，京杭运河最南端概貌

第九章
华贵天城 傲立潮头
——杭州城市概述

　　杭州是中国著名的旅游胜地，世人对它从来不吝赞美。"江南忆，最忆是杭州。山寺月中寻桂子，郡亭枕上看潮头。何日更重游！"1200年前，白居易这句诗词说出了多少人的心声。"三面青山一面湖"是对杭州市区地理状况的写照，在市区南部，还有水面开阔的钱塘江滔滔东去，直奔杭州湾；京杭大运河从北部流贯市区，穿江入海。独特的地势

> 杭州西湖集贤亭日暮时分

造就了东南重镇和商旅辏集，杭州人也没有辜负大自然的恩赐，杭州城"邑屋繁会，江山雕丽，湖海形胜，为天下稀有"。

1. 天赐佳渚，梦启钱唐

如果说历史是幕大戏，那么杭州出场很早。萧山湘湖出土过迄今发现最早的独木舟，是7500年前的遗物。余杭良渚镇的良渚文化古城遗址，建成年代约在5000年前，是中国目前发现的同时代古城中最大的一座。城外还有大型拦洪水坝，是世界同类水利工程中最早的。

相传夏禹时期，杭州称为"禹杭"。"杭"，意为木筏，引申为乘木筏渡河。传说夏禹南巡乘舟经过这里，越人为了纪念他，称此地为"禹杭"。其后，讹"禹"为"余"，乃名"余杭"。春秋时，越王成为"五霸"之一，开启了文明的辉煌。至今杭州博物馆还保留着一件"战国水晶杯"，由整块优质天然水晶制成，是镇馆之宝。那穿透两千多年的淡琥珀色吉光，让人过目难忘。秦统一六国后，在灵隐山麓设县治，称"钱唐"，属会稽郡。当时，今天杭州市区的位置还是随江潮出没的浅滩，西湖尚未形成。东汉章帝年间，钱唐大兴水利，从宝石山至万松岭修筑了挡潮堤坝，西湖开始与海隔断，成为内湖。

> 杭州西湖一景　　吕上元/摄

　　南北朝时期,杭州属吴国的吴兴郡,归古扬州。东晋咸和元年（326 年）,印度高僧慧理在飞来峰下建起灵隐寺,这是西湖边第一处宗教丛林建筑。灵隐寺至今香火不绝,景致幽深,晨钟暮鼓,宝殿巍巍。

> 灵隐寺雪景 　杨侠 / 摄

> 杭州奥体中心　金星/摄

2. 邑屋繁会，东南乐土

  隋王朝建立后，于开皇九年（589年）废郡为州，"杭州"之名第一次在史书中出现。下辖钱唐、余杭等六县。州治初在余杭，次年迁至钱唐。开皇十一年（591年），在凤凰山依山筑城，"周

三十六里九十步",这是最早的杭州城郭。

一代雄主隋炀帝即位后,开凿以洛阳为中心的全国运河网。江南运河得以沟通,杭州拱宸桥成为大运河的起讫点。河道由此向北,绕太湖以东直达京口(今镇江),杭州跟京师之间有了直达的水路交通。杭州由此成为"咽喉吴越,势雄江海"的东南水利枢纽。唐朝为了避国号讳,于武德四年(621年)改"钱唐"为"钱塘"。伴随着盛唐的冉冉上升,杭州各方面都在迅速发展。也是从这时期起,西湖渐渐出现在文人笔下。唐朝官员励精图治,发展民生,使得杭州"川泽沃衍,有海陆之饶,珍异所聚,胡商贾并辏"。比如白居易在杭州任刺史期间,主持疏浚六井,以解决百姓饮水问题,修筑"白堤",以利灌溉。离任前,他还将自己大部分的俸禄留存官库,作为疏浚西湖的基金,嗣后这沿袭成为制度,持续50年之久。

白居易忘情于西湖美景,竟写下200多首咏西湖的诗,比如《钱塘湖春行》:

孤山寺北贾亭西,水面初平云脚低。

几处早莺争暖树,谁家新燕啄春泥。

> 飞速发展的杭州　杨侠 / 摄

> 杭州城市夜景　梁臻/摄

乱花渐欲迷人眼，浅草才能没马蹄。

最爱湖东行不足，绿杨阴里白沙堤。

在诗中品山水，在山水中寻诗，唐朝以来大量与西湖有关的诗文，给西湖增加了灿烂的光环，是杭州最有效的"软实力"，其名声甚至远播日本。

五代十国期间，杭州首次成为一国之都——吴越国首都。乱世

之中,国君钱镠实行"保境安民"政策,偏居江南,规避战争。杭州的佛教、文化、艺术、建筑等空前发展,例如,钱塘四塔——白塔、六和塔、雷峰塔、保俶塔均是那时所建。

3. 天阙皇城,三吴都会

北宋时期,杭州从一个小国国都退居到大国州治,但从城市规

> 杭州雷峰塔　曹元/摄

模上讲，仍不失为东南第一大都会。幸运的是，多任地方官在杭州留下了良好政绩。苏东坡曾两次到杭州任职，为地方发展做出过巨大贡献。他疏浚湖水，创造性地将葑草淤泥善加利用，筑成一道横贯南北的长堤，即"苏堤"。堤上建六桥九亭，遍种桃柳芙蓉。他

还在湖水深处建立三塔，即著名的"三潭印月"。为了纪念苏轼，今人把西湖边两条繁华的街道分别命名为"东坡路""学士路"。

苏轼也在杭州留下不少名篇，比如《饮湖上初晴后雨二首》：

水光潋滟晴方好，山色空蒙雨亦奇。
欲把西湖比西子，淡妆浓抹总相宜。

历史上杭州最鼎盛的时期是作为南宋都城的150年间。南宋经济昌盛、文化繁荣、科技发达、对外开放程度很高。杭州是当时世界第一大都会，城市人口达百万，同一时代欧洲的伦敦、巴黎才几万人口，就算是西方最繁华的都市了。

元朝时，马可·波罗来到杭州后对其膜拜不已，惊叹地称其为"世界上最美丽华贵之天城"。在游记中，他描述到，城内除各条街道上密密麻麻的店铺外，还有10个大广场或市场，一年四季，市场上总有各种各样的香料与果子。西湖里停泊着大量游船画舫，船上舒适的桌椅和宴会所需的各种东西一应俱全。离城约40千米处就是海洋，有个港口叫"澉浦"，可以停泊大船，方便与印度等国家航运往来。可见，杭州的经济已经融入世界。

明清时期，杭州保持着东南大都会的地位并有所发展。据明代《四时幽赏录》记载，杭州人光是春天踏青就有如下选项："孤山月下看梅花，八卦田看菜花，虎跑泉试新茶，保俶塔看晓山，西溪楼啖煨笋，登东城望桑麻，三塔基看春草，初阳台望春树，山满楼观柳，苏堤看桃花，西泠桥玩落月，天然阁上看雨。"可见，其"人间天堂"的美誉真是实至名归。

清初，在杭州城西沿西湖一带建造了"旗营"，俗称"满城"。城墙周围10里，辟有6座城门，满城成为杭州的"城中城"。康熙到杭5次，乾隆来杭6次。从运河穿过市区流入涌金门的城河，就是康熙第一次莅临时，为了便于龙舟从运河直达西湖而开凿的。康熙钦定了"西湖十景"之名，立御碑亭以纪之。乾隆来杭时，除了敦促官员整修海塘，以保漕运平安外，还将孤山行宫的玉兰堂改建为文澜阁，藏放《四库全书》。雍正、嘉庆年间，官府疏浚西湖，挖起大量葑泥，使湖水加深数尺。清光绪二十一年（1895年），清政府在中日甲午战争中惨败，被迫签订《马关条约》，杭州被开放为日本通商商埠，拱宸桥周围被辟为日本租界。随着资本主义势力的入侵和洋务运动的兴起，杭州的近代工业也逐渐发展起来。

清末民初，杭州已建起少量工厂，如通益公纱厂、火柴厂、造纸厂等。1909—1914年，沪杭、杭甬铁路相继建成；全长1453米的钱塘江大桥于1937年竣工。1945年抗日战争胜利后，我国无条件收回拱宸桥日租界。

> 杭州郭庄园林　朱剑栋/摄

4. 文海观澜，活力之都

两千年来，杭州素有"丝绸之府"之誉。春秋时期，越王勾践以"奖励农桑"作为富国之策。唐代，杭州绫罗已有"天下为冠"的盛誉，成为贡品。白居易"丝袖织绫夸柿蒂，青旗沽酒趁梨花"的诗句道出了杭州丝绸受欢迎的程度。

南宋时，杭州市内"机杼之声，比户相闻"，杭绸闻名全国。"虽燕赵大户，不远数千里而求罗绮缯布者，必走浙之东也。"杭绸还远销东南亚和阿拉伯诸国，是"海上丝绸之路"热销的商品。

与杭绸交相辉映的，是作为工艺品的杭扇和杭伞。其造型优美，工艺精湛，深受文人雅士喜爱。伞，在杭州尤其被寄予了万千情思，西湖边的轻舞倩影，摇曳出了多少风情。除此之外，杭州的茶文化也很有名，可追溯到唐朝。唐代陆羽的《茶经》中提到"钱塘天竺、灵隐两寺产茶"。当时的僧人社会地位很高，常跟上流社会人士来往，可见杭州的茶叶已经有了名气。宋《咸淳临安志》中记有"岁贡茶叶"，可见当时茶叶已被列为贡品。清乾隆下江南时，专程来到龙井胡公庙品茶，赞不绝口，封胡公庙前的18棵龙井茶树为御用茶树。龙井茶叶由此声名大振，受到追捧。

如今，杭州拥有两个世界文化遗产——西湖文化景观和大运河，有"两江两湖"国家级风景名胜区，有千岛湖、富春江等国家森林公园，西溪国家湿地公园等丰富的自然景观；其全国重点文物保护单位、国家级博物馆数量在全国居于前列；更有"联合国人居奖"和"国际花园城市"盛誉在身。

山明水秀、风光绮丽的西湖，环绕着众多瑰丽的民间传说，梁山伯与祝英台、许仙和白娘子不知迷倒了多少痴情男女。杭州还有丰富的非物质文化遗产：越剧、杭剧、评话、江南丝竹、金石篆刻、浙派古琴、淳安竹马、桐庐剪纸、越窑青瓷、雕版印刷术……如果说美丽的西湖代表杭州人文鼎盛的过去，那么，更为恢宏开阔的钱塘江则代表杭州创新发展的未来。

改革开放以来，浙江省敢为天下先，民营经济和对外开放在全国首屈一指。进入21世纪，杭州更是成为新经济的孵化器，凝聚起

> 西湖龙井茶和茶具　朱汉孝 / 摄

越来越多的高端生产要素，是中国发展电子商务、物联网、云计算和大数据等信息产业和先进制造业的重要基地，孕育了阿里巴巴等享誉世界的公司，串起了驱动发展的创新走廊，聚集着国内外心怀梦想的"创客"。西湖的锦山秀水，成为"互联网+"时代创业的"天堂"。随着钱塘江的潮起潮涌，历史与现实交汇，激荡出更加诱人的魅力。

第十章 水居江海之会 陆介江浙之间
——杭州河城共生

作为京杭大运河最南端的城市，杭州也是浙东运河的起点，在运河申遗中具有举足轻重的地位。大运河杭州段被列入大运河世界文化遗产名录的点段共有11处，分别是富义仓、凤山水城门遗址、桥西历史街区、西兴过塘行码头、拱宸桥、广济桥6个遗产点；以及杭州塘段、江南运河杭州段、上塘河段、杭州

> 与北京的南新仓并称为"天下粮仓"的杭州富义仓开仓迎客   施健学/摄

> 杭州广济桥　　汪建春 / 摄

中河—龙山河、浙东运河主线5段河道。其北起余杭塘栖,南至钱塘江,河道总长度约110千米,申遗点段数量在沿线各城市中位于前列。

1. 川泽沃衍,百水通陵

杭州所处的太湖流域自古水网密集,湖泊星罗棋布,人们习惯"以船为车,以楫为马,往如飘风,去则难从"。早在春秋时期,吴、越为了便利物资运输,也出于互相征服的战略需要,主动对自然水系进行改造,江南运河发展由此开启。

杭州东北部的百尺渎是比较有名的地方古运河,诗云"小艇如蚁聚,鸡鸣早开关",描写的就是此河的景观。它是沟通吴、越的民生水道,也飘荡着战争的硝烟。"湖上青山溪上兵",公元前495年,越王勾践的大军循此河北上大败吴军。

秦始皇统一全国后,为了加强对东南地区的控制,以江南古运河为基础开挖了通陵江,南起钱唐县,北经今嘉兴、苏州、镇江到达长江。得益于通陵江、浙东运河、浙西运河的相继开通,钱唐逐渐成为江南物资集散中心,凤凰山下的柳浦则成为重要的码头,钱唐在朝廷中的地位愈加提高。南朝改县为郡,隋唐时期改郡为州。

2. 水居江海之会,陆介江浙之间

隋炀帝开通南北大运河后,杭州成为大运河的南起点,是东南一极。通过运河,杭州跟广大的华北、中原地区直接沟通,江南物产被输送到各地,换回大笔银两。唐朝时,管理愈加规范,建立了成套的运河管理机制,沿途的码头、桥梁、驿站、税关逐渐完善,杭州"水居江海之会，陆介江浙之间"的区位优势更加突出。

随着国家整体实力的提升，"内需"不断扩大，杭州城各项产业如丝织、瓷器、造船等兴旺发达。而且唐朝实行对外开放的政策，宁波成为沿海通商口岸，东南亚、西亚的客商源源不断由此上岸，经浙东运河到达杭州，有力支撑起杭州的繁荣。唐中期以后，杭州已成"东南名郡"，人烟稠密，消费水准攀升，"水牵卉服，陆控山夷，骈樯二十里，开肆三万室"，俨然大都市气象。

一些杰出的地方官员也在此做出不少政绩。比如唐德宗年间刺史李泌，通过建立地下引水管道，把西湖水引入城内，解决居民饮水问题。白居易做杭州刺史时，也从兴修水利入手，整修海塘江堤，减少洪涝灾害。他还砌筑西湖湖堤，发挥泄洪抗旱功能，灌溉农田，美化湖景。做事认真的白居易还写了长篇《钱塘湖石记》，细致入微地记录了他的治湖经验，并刻石立于湖畔，教诲后人。

五代十国时期，杭州升级为吴越国都城，经钱氏三代五王的苦心经营，城市规模进一步扩大。西湖水被引入内城河道，营造出钟灵毓秀的城市景观。于运河上择地兴建船闸，保障航运畅通，河中"舟楫辐辏，望之不见其首尾"。《十国春秋·契盈传》记载："吴越去京师三千里，谁知一水之利如此。"

3. 世界第一大都会

北宋时，都城设在汴梁，杭州政治地位下降，但商贸生生不息。由于人稠地少，呈现出工商业城市的特征：输出手工制品，换来粮食作物。苏轼任杭州知州时，就给皇帝上奏说，杭州自产粮食不足

> 《运河申遗》旅游门券展览在杭州运河广场上的中国京杭大运河博物馆拉开帷幕
詹逾 / 摄

消费，要仰赖周边的苏、湖、常等州救济。为了保障运河生命线，他发动军民在钱塘江南部修建水闸，防备海潮将泥沙灌入运河，从而减少淤积。南宋时期，杭州跃升到中国政治舞台的中心。12 世纪的南宋是全世界最富裕的国家之一，杭州是当时世界第一大都会。江南以各城市为中心，周边形成放射状水网体系，杭州就是这些城市群的核心。城内民居、店铺、集市、仓库等沿河分布，市民出行往往以船代步。主要码头和大桥旁形成各具特色的商业区和娱乐中心，买卖日夜不绝。城外运河边还形成一些特色商业小镇，如城北的北郭市、城东的范浦镇、城南的徐村市等。

> 中国京杭大运河博物馆　李忠/摄

> 评弹艺人正在中国京杭大运河博物馆前的运河文化广场上弹唱《苏杭好风光》
李忠 / 摄

> 行驶在京杭大运河杭州段上的船只

元朝忽必烈开通京杭大运河，对隋运河进行裁弯取直，形成北起大都、南达杭州的京杭大运河。由此杭州到北京的水运距离比原来缩短了700多千米，物流效率大为提升，南北交流更加频繁。杭州的交通枢纽地位堪比海上丝绸之路的起点——福建泉州，由此杭州当仁不让地成为南部经济加速器。

明清时期，江南水运格局基本沿袭宋元，虽然杭州的经济地位逐渐被苏州、南京、扬州赶上甚至超过，但其城市规模和经济仍然保持平稳发展的态势，丝绸、茶叶、瓷器等核心产业继续维持着优势地位。重商主义成为城市文化的一部分，为21世纪的"腾飞"打下基础。民国时期，杭州已经发展成以轻纺为主，手工业、服务业相结合的近代化都市。

4. 活力运河，活态历史

大运河杭州段，虽然没有规模恢宏的水利闸坝，但那些至今萦绕在运河边的市井烟火气，更是一种稀缺的财富，因为历史还活在杭州人的生活中。"百官门外鱼担儿，坝子门外丝篮儿……"这首讲述杭州运河人家生活的民谣依然能找到共鸣。正是这种古今交融的魅力，打动了联合国专家，把杭州11个运河点段纳入世界文化遗产。

政府在京杭大运河最南端的地标性建筑——拱宸桥的周边，利用老旧厂房改建起中国京杭大运河博物馆、刀剪剑博物馆、中国伞博物馆、中国扇博物馆等，充分展现了上千年来大运河孕育的物质和非物质文明。一到晚上，从武林门码头经西湖文化广场、富义仓、乾隆舫、小河直街到拱宸桥这一路，万盏灯光齐亮，运河上下流光溢彩，杭州不愧为"人间天堂"。

围绕打造世界文化遗存保护带，近几年来，政府以"原真性、完整性、系统性"为方针建设公园和古镇，积极发展传统工艺、文化创意、旅游休闲等产业，推进与运河沿线城市互联互通、共建共享，实现"在保护中发展、在发展中保护"的目标。

为了更好地继承弘扬运河文化，作为沿线城市代表，杭州发起成立"中国大运河文化带建设产业联盟"的倡议，以从国家层面协调工作，在深度和广度两方面同步推进。为了讲好运河故事，政府还举办了一系列运河主题的文化活动，如春夏之交的"京杭大运河国际诗歌大会"、每年国庆期间的运河庙会、元旦期间的"新年祈福走运大会"等，广受中外游客的好评，成为杭州的文化品牌。

第十一章
骈樯二十里 开肆三万室
—— 杭州大运河道

1. 一座拱宸桥，半部杭州史

在杭州，如果想找一个连接悠久历史和现代繁华的地方，那没有比拱宸桥更合适的了。它是杭州最大的石拱桥，也是京杭大运河南端的终点标志。桥的左边是白墙黛瓦的古建筑，右边是高楼耸立的现代都会。静观运河风云四百年，拱宸桥是漕运体系和杭城变迁的亲历者。

> 杭州西湖日落

> 杭州拱宸桥　蔡成才 / 摄

骈樯二十里　开肆三万室

(1) 城隍山上看火烧，拱宸桥头乘风凉

拱宸桥东西横跨大运河，桥长 98 米，高 16 米，为三孔薄墩连拱驼峰桥。桥面中段略窄，宽 5.9 米；两端桥堍加宽，达 12.2 米。这种结构使得两侧桥基受力面变大，并让造型更显轻灵优雅。桥面中间是一道一米多宽的石板路，骑车的人们可以轻松地推着车上下坡；两侧是石级，攀登并不费力。桥顶好似一方小小的观景台，两边有石椅，表面被岁月打磨得极为光滑。往下俯瞰，一眼就能看到河面有 4 只神兽趴在石墩上。它们有个奇怪的名字——趴蝮，头部像龙，顶着一对硕大的犄角，四肢长满龙鳞。传说它们是龙的第六子，是桥的守护神。站在桥端远眺四方，既能看到现代化的玻璃幕墙大厦，也能欣赏到古色古香的院落民居。两岸一排排高大的树木像绿色屏风，水面平静，间或有船开过，荡起阵阵波浪。杭州有句老话"城隍山上看火烧，拱宸桥头乘风凉"，说的是过去杭州城建筑不高，海拔不足百米的城隍山就算制高点，站在山上可以瞭望警情；拱宸桥是附近居民喜欢的休闲去处，夏日傍晚，站在桥顶纳凉，八面来风，好不畅快。

(2) 仁德士绅捐建，《马关条约》遗恨

拱宸桥名字的意思是对有德之君的爱戴和拥护，语出《论语·为政篇》："子曰：'为政以德，譬如北辰，居其所而众星共之。'"（"拱"与"共"通，"宸"与"辰"通）说起拱宸桥，也是几经磨难。明朝时，运河岸边设有"北新关"，随着人流量增多，明崇祯四年（1631 年），地方士绅集资建起拱宸桥，初为砖木结构。清顺治八年（1651 年），桥身坍塌。清康熙五十三年（1714 年），浙江布政使段志熙倡议重建拱宸桥并率先捐款，灵隐寺慧辂和尚鼎力募捐，重建历时 4 年完工，

> 夜色下山上明亮的杭州城隍阁　朱汉孝 / 摄

> 夜幕下的京杭大运河　　杨侠/摄

奠定了现在的拱宸桥桥身的骨架。清雍正四年（1726 年），右副都御史李卫再发重修倡议，把桥加厚两尺，加宽两尺，并作《重建拱宸桥记》。

清同治二年（1863 年）秋，左宗棠率湘军向杭城太平军猛攻。拱宸桥桥心设有太平军堡垒，经战火洗劫，桥体再次濒于倒塌。清光绪十一年（1885 年），在杭州富商丁丙的主持下拱宸桥得以重修。

在大运河繁盛时期，拱宸桥周围一直是黄金商圈，码头商铺林立，商贾行人络绎不绝。以前杭州有句老话，"大生意在湖墅，小生意在城里"（湖墅即拱宸桥区域），来这里交易的都是大宗生意。清末，拱宸桥成为杭州近代工业的发祥地。在运河旁边开厂，无疑是降低运输成本的好方法。清光绪十五年(1889 年)，富商丁丙与人合伙在桥旁筹建通益公纱厂，这是杭州第一家机械化缫丝厂，也是当时中国最大的民营纱厂。其自备发电机发电照明，为浙江有电之始。

1895年中日甲午战争后，中国被迫与日本签订《马关条约》。拱宸桥一带被划作日本租界，"径直三里，横约二里"。清光绪二十四年（1898年），杭州海关在拱宸桥开关，此后这里迎来了数十年畸形的繁荣期。日本商人、侨民纷纷定居于此，汽轮公司、戏园、烟馆、赌馆等陆续开办，三教九流云集。杭州的第一座火车站、第一个邮局、第一家电影院、第一家报社等都开在这里。时人形容："洋街两面沸笙歌，戏馆茶园逐渐多。国忌如今都不禁，日间弹唱夜开锣。"

（3）杭州北大门，过桥即为家

在没有汽车、火车的年代，大运河是游子们返乡或外出的主要通道，拱宸桥就成为故乡的符号，寄托着满满的乡愁。在鲁迅和弟弟周作人的日记中，多次出现拱宸桥的身影。

1898年春，鲁迅考入南京水师学堂，第一次出省求学就是从拱宸桥出发。后来有了京沪铁路，但他回乡有时也会选择水路。他在1913年农历六月的日记中写道："午后车发，即至拱宸，登大东公司船向上海。"此外，丰子恺、郁达夫、陈鹤琴、蒋维乔、俞平伯等民国时期著名文人都在其笔下记述过他们与拱宸桥的因缘，成为人们了解一个时代的窗口。

1949年后，拱宸桥地区成为杭州市主要工业区和仓储区。在老杭州人的记忆里，20世纪六七十年代，这里熙熙攘攘，人声鼎沸。一到下班时间，上万工人把这里挤得人山人海。20世纪80年代中期以后，伴随国企改制、产业升级，这一地区迎来转型，大桥寥落下来。近年来，拱宸桥地区重新找到了自己的定位，成为杭州露天历史博物馆和运河文化长廊，由此创造出更宝贵的价值。

百年前，这里闪耀着近代工业文明的曙光，影响了民族工业的进程；进入21世纪，这里率先由传统工业向创意文化产业转型；几年前，这里再次获得国际社会认可：拱宸桥与桥西历史文化街区成为大运河世界文化遗产点。历经数百年沧桑，拱宸桥见证了古运河畔的巨大变化。过去，家乡在桥这头，世界在桥那头；如今，历史在桥这头，未来在桥那头。

2. 富义仓：从"物质粮仓"变身"精神粮仓"

京杭大运河一头一尾有两个大粮仓——北京的南新仓，杭州的富义仓。富义仓也是杭州现存唯一的古粮仓，曾是杭城主要的粮食集散地。富义仓位于杭州市拱墅区霞湾巷8号，地处胜利河与古运河交叉口，南面是御码头，往北是香积寺和大兜路文化街，交通便利，闹中取静。作为京杭大运河申遗成功的遗产点，它略显低调，门面看起来不大，走进去却别有洞天。富义仓现有13幢建筑，东西相向而建，分为四列三进，都为砖木结构。

> "天下粮仓"之一——富义仓（一）　施健学/摄

（1）巡抚善举，解民之忧

杭州的仓储体系历史悠久。隋代京杭大运河开凿以后，湖墅地区（今属杭州市拱墅区）官办粮仓、私立米行林立，如江涨桥东北的仁和仓、广安新桥旁的广积仓、宝善桥西的永济仓、城内义仓等，每年转运大米数百万斛。

> 杭州,总面积 10 公顷的桥西历史文化街区　朱引炜 / 摄

清朝康熙、乾隆来杭巡视时，均一再敦促漕运，落实措施。粮食加工、运输、装卸、储存、包装、配送体系相当完善。但到了清朝中后期，国力衰竭，尤其是1860年前后，太平军两次攻打杭州城，经过战争洗礼，杭州仓廒几乎为之一空。加上运河失修，时常壅塞，漕粮开始改走海运，河运开始日薄西山。

富义仓始建于清光绪六年（1880年），为时任浙江巡抚谭钟麟发起兴建。谭钟麟此前任陕西巡抚多年，重视民生，官声甚佳。在他到任浙江的1879年，杭州城内只剩永济仓、义仓有一些储粮。

1880年是个有名的荒年，杭州粮食告急。谭钟麟果断召集城中士绅出资，采购了十万石粮食，分别储存在永济仓和义仓。但这两个旧仓储量有限，而且周边土地局促，难以进行大的扩建。于是官府出面购买霞湾民地10亩，新建仓廒。工程于1880年动工，直到两年后谭钟麟调任陕甘总督时尚未竣工。临行前，谭钟麟以"以仁致富，和则义达"之意，把这个新仓库命名为"富义仓"，并关照后任重视粮食储运，"散而积之，无方其数，为民忧"。

> "天下粮仓"之一——富义仓(二)　施健学/摄

　　清光绪十年(1884年)七月,粮仓历时4年终于建成,共费白银11000两。其占地10亩,有近80间粮仓,每间面积约20平方米,可储谷物四五万石,还设有砻场、碓坊、司事房等配套设施,时人将它与北京南新仓并称"天下粮仓"。

曾任苏松太道的藏书家应宝时撰写了《新建富义仓记》，详细地描述了其格局规制："为仓四、为廒八十，容谷可四五万石……其东筑楼三楹，属司事者居之。其西创屋一区，为砻场，驾乌犍以转环之，向南葺屋，为碓坊。"

（2）运河养分，创意源泉

富义仓的建成，给大运河杭州段沿岸经济打了一针强心剂。当地碾米厂生意兴隆，纷纷扩建。20世纪20年代，杭州城有上百家碾米厂，富义仓到紫荆街运河两岸就多达30多家。民国时期，富义仓为浙江省第三积谷仓，遇有灾年，便会开仓放粮。和富义仓一起参与赈灾的，还有一个比它历史更久的仓库——钞关街的仁和仓，可惜这个仓库在战争中被焚毁。

中华人民共和国成立后，富义仓几经变迁，作为粮食公司仓库、杭州造船厂职工宿舍等。进入21世纪，政府着力推进文物遗址修复工作，"幸存"下来的富义仓"整旧如旧"后，保持了浓郁的漕运文化气息，也不乏江南民居的雅致。园区墙上还刷着20世纪60年代的大红标语，更增添了特殊年代的沧桑感。

富义仓的独特魅力吸引了不少文化机构和艺术家先后入驻，有越剧工作室、书院、动漫公司、瓷器工作坊等。游客不仅能体会到深厚的传统文化内涵，还能欣赏最新的时尚潮流。"物质粮仓"变身为"精神粮仓"，成了杭州文化创意产业的一张名片。

3. 凤山水城门：杭州唯一"健在"的古城门

京杭大运河之所以能成功申报世界遗产，是因为其影响深远、技术先进、保存完整、风貌原真等。而每一项价值，都是由若干遗产点、段来支撑。

凤山水城门，就是这样一个遗产点。整个大运河沿线只有两处水城门入选世界遗产，另一处则是苏州盘门。凤山门位于大运河南端，地位尤显重要，钱塘江之水自龙山河涌入凤山水门，通过城内阡陌众横的水道后出武林门水门，与大运河连在一起。它既是龙山河的北端终点，也是江南运河通往钱塘江的"咽喉"，还是杭州唯一原始城门遗迹（其他城门皆毁，钱塘门也只存遗址）。

从杭州闹市区沿着中山南路一直往南走，到了中山南路与中河路的交会处，就能看到横跨中河的凤山水城门。雉堞整齐，藏青色的石砖古朴而沉默。门洞由两个不同跨径的石拱券并联而成，南面跨径为一丈三尺有余，北面为一丈七尺，两者之间为石砌方形闸挡，后部有石雕门臼，可以升降闸门。每座拱券的顶部中央，有一块雕有蟠龙的锁石，用以锁住闸门。转到南面，可以看到拱门上方刻着"凤山水门"4个古朴文秀的字。城门靠近中山南路这边，有2米多高的浮雕墙，记录着老杭州城门边的市井生活。

凤山门原是杭州南城门，为水陆两用门，建于元至正十九年（1359年）。它历经600年风雨，默默注视了前后5个朝代的更替。当时，起义军领袖张士诚割据两浙，重筑杭州城，由此奠定了明清杭州城的基本格局。他舍弃了南宋时的南城门——嘉会门，将南城"缩入数里"，新建凤山门。其由于是杭州唯一的正南城门，俗称"正阳门"。南宋时这里是朝廷三省六部官署所在地，杭州的政治中心，旁边有六部桥。城门外万松岭一带，山脉逶迤，风景优美，是连接

> 凤山水城门　徐瑞康 / 摄

骈槛二十里 开肆三万室

江干一带和游览西湖的交通要道，达官贵人们经常在此骑马踏青，其还被列为皇家禁苑。

早在唐朝，白居易在《湖上夜归》一诗里就描绘了岭上郁郁苍苍、广袤辽阔的景色：

半醉闲行湖岸东，马鞭敲镫辔玲珑。

万株松树青山上，十里沙堤明月中。

1908年，美国传教士费佩德筹建杭州育英书院新校舍，每天上下班都会经过水城门，对这里印象深刻。他曾回忆道："凤山门是一个双重大门，旁边还有一个水门，经常有运纸的船从那儿通过。城门一侧有雉堞的城墙顶上，有一辘轳上悬挂篮筐，人们大约花一个便士，就可以请城墙上的人用篮筐把自己吊进城去。有时摇辘轳的人酒喝多了，往往吊到一半就摇不动了。"

20世纪五六十年代，凤山水城门旁边都是些做小生意的人，有卖布的、卖草鞋的、卖小吃的……在当地老人的记忆里，那时一碗馄饨只要5分钱。但由于社会条件所限，人们缺乏文化保护意识，城门渐渐破败，经常有小孩子在城墙爬上爬下，采野果子。

20世纪80年代，政府治理中河时，按照历史资料修复凤山水城门，旁边修建公园。城上原有城楼一座，可屯兵百余，既可防御敌兵偷袭，又可开闭闸门，调节水量。可惜因年久失修，城楼坍圮，闸门难觅。

凤山城门外的万松书院也是一景。始建于唐贞元年间，时为报恩寺，明弘治年间辟为万松书院，藏书过万，是江南学子学习经文辞赋、拼杀功名之路的殿堂，相传大儒王阳明曾在此讲学。今天在

> 杭州钱塘江夜景

书院信步,可见枝繁叶茂的大树上密密匝匝地挂满红色卡片,不过内容不再是科举,而是"保佑高考顺利,考上好大学"之类。因传说梁山伯与祝英台曾在此朝夕相处,演绎出一段旷世绝恋,于是其又成为情侣们许愿的爱情圣地。

4. 杭州中河—龙山河:借道钱塘江,浙南通浙北

杭州中河—龙山河是江南运河从杭州市区延伸到钱塘江的一段运河,被列入大运河世界遗产名录。那么,它有什么特别之处呢?

(1)龙山闸通,则钱塘江通

历史上,龙山河跟钱塘江是相通的,江、河的水位高度很不一样。

> 杭州钱塘江复兴大桥　蔡成才 / 摄

骈栌二十里 开肆三万室

龙山河属于城市河道，比较窄，而钱塘江有"天下第一潮"之称，巨浪滔天，来势汹涌。尤其在涨潮的日子，一天之内钱塘江水位都可能会有四五米的落差。船只如何顺利地航行到钱塘江去，是一个棘手的问题。内河的船如何顺利转到钱塘江去，是一个难度极高的问题。

龙山河与钱塘江之间，有座龙山闸（俗称"闸口"），它就是这个难题的答案。

早在五代十国时期，吴越王钱镠就在龙山附近建浑水闸、清水闸，以控制潮水灌入城中诸河。两宋时期多次治河修闸，以防江水倒灌并调节运河水量。附近还设有驿站，是来杭人士必经之地。据《古杭杂记》记载，宋朝时，这里有店铺印卖《朝京里程图》，士大夫坐船上岸来到临安，必买此图以作为游逛京师的指南。随着城市发展，沿岸商铺毗连，烟柳画桥，人烟稠密。

元朝延祐三年（1316年），对闸口作了进一步改进，设置双向闸口——钱塘江水位高时，江水通过闸口往运河里流；江水水位低，则反过来，运河水往江里流。通过这种精密的设计，基本解决了全天候通航问题。

过去上千年来，钱塘江水先转入龙山河，再在凤山水城门转入中河，南北纵贯城区中部，接上塘河进入大运河，贯通了钱塘江与大运河水系，繁忙程度不亚于今日的中河高架路。

（2）帆影重重，百舸争渡

古时来自安徽、浙西南一带的木材和土特产，经钱塘江漂到杭州，在今六和塔至美政桥一带的江滩上，形成长达数千米的停泊区。帆影重重，百舸争渡，经常发生"堵车"事件。古时运输木料全是扎成木排，顺水而行，叫"放排"。木排从钱塘江进入杭州内河有两个办法：一是先将木排拆小，到龙山闸口排队，用人力或畜力将其拖入龙山河，重新捆扎后再漂走；二是在现在美政桥、海月桥一带的江滩上，将木排拆成单根原木，由搬运工一根根背到龙山河边，扎成木排重新水运。不管哪种方法都是耗时耗力。

龙山河和中河的拥堵，持续了数百年，在清朝晚期达到繁忙的高峰。由于上海、苏州等地市政建设如火如荼，市场需求极大，木料供销两旺。加上北面来的大米、丝织品等都要经过中河输送到市区，南来北往的货物在狭窄的河道里相遇，经常一堵就是好长时间。

直到今日，龙山河还担当着引钱塘江水入城的重任。这里设有一个双向泵站，仪器每隔一段时间就监测中河水位，一旦水位下降，泵站就会开启，江水源源不断被引入中河。有了这源头活水，中河南段成为杭州市水质最好的河道之一。闸口江边还矗立着一座五代吴越国留下来的白塔，现在建起了白塔公园，是市民怀古踏青的好去处。往西大约1千米，就是气势恢宏的钱塘江大桥。

1907年，这里开通了浙江最早的营运铁路线，沿当时杭州的老城墙外由南而北设闸口、艮山和拱宸等5个站，闸口是起始站。运往浙东南的大量货物都是由此转往水路，码头愈加繁忙。直到钱塘江大桥通车后，货运找到了现代化的高速通道，古老的中河、龙山河才逐渐寥落下来。繁华落尽，它们成为城市景观河道。

中华人民共和国成立后，闸口火车站也是一派繁忙之景。后来客运业务停止，那些扳道房、道岔、铁轨、信号灯成为白塔公园一景，河道变身水源保护区，周边杨柳轻拂，白墙黛瓦。老杭州人一边休闲散步，一边依稀想起那些激情燃烧的岁月。

5. 西兴过塘行码头：明清江浙沪地区的物流中心

被列入大运河世界文化遗产名录的杭州西兴过塘行码头，对于一般游客来说，是一个略觉生僻的地方。

西兴是位于杭州市滨江区钱塘江南岸，滨江的一座千年古镇。老街的西端是全长 250 多千米的浙东古运河（又称"官河"）起源之地，途经萧山、绍兴、上虞、余姚、宁波，在镇海城南注入东海。有人把长城和大运河比作"写在中国大地上的'人'字"，浙东运河，就是"人"字颇具匠心的收笔。

（1）上船下船西陵渡，前纤后纤官道路

过塘行的"行"，念"háng"，行业的"行"，相当于过去大运河上的物流中心。浙东运河里的船到了西兴，并不能直接航行到钱塘江里去，虽然有一道永兴闸，但它只通水不通航，主要起到调节运河水位的作用。货船在这里停泊，由过塘行牵线联系钱塘江里的船，并负责装卸货物，然后船沿着钱塘江到海宁、杭州、上海，或沿京杭大运河直往华北和京师。反之，钱塘江过来的客商，也由过塘行联系，把货物输送到浙东、浙南地区。有了西兴过塘行，一条货通天下的道路延伸而出。漕运鼎盛时，这里客来货往，昼夜不歇。清末文人来又山在《西兴夜航船》里记叙了当时的繁忙景象：

上船下船西陵渡，前纤后纤官道路。
子夜人家寂静时，大叫一声靠塘去。

过塘行在明代就已出现,不过那时候叫"牙行",从业者叫"牙人",也就是掮客之意。明万历年间,《榷政纪略》提及"商货自江口陇塘……过塘牙人先行报数,即令本商投单"。由于直接关系运河命脉,设立牙行须经官府批准才能营业。

"过塘行"之名约于清同治年间出现,据说第一家名为"俞天德过塘行",创始人俞谓东曾和红顶商人胡雪岩同在杭州钱庄当学徒。头脑机灵的他以诚信为本,很快做得风生水起。于是,同行纷纷仿效,过塘行如雨后春笋般开张起来。最兴隆的时候,西兴老街上号称有过塘行72爿半,是名震江南的货物集散中心。这些过塘行各有自己的"地盘",有的做茶叶,有的做药材,有的做绸缎,其中有一家是"黄鳝行",因业务有季节性,故只算半家。它们南面临河,北面靠塘。塘后,便是钱塘江。每家过塘行各有一个临河的大埠头,石级一直延伸入官河,不论水深水浅都不影响靠船卸货。

埠头之上,是官河路,路与河中间有青石纤道。如今站在河边,仿佛仍能看到当年舟如龙、车如水的热闹场面。过去很多当地人以船夫、纤夫、挑夫行当谋生,不愁找不到工作。

(2) 浙东首地,万商云集

1986年9月中央电视台《话说运河》节目介绍浙东运河,开篇镜头就是西兴运河,配音说是濒临钱塘江的繁华古商埠。当地老人回忆说:小时候,这水面上都是船,挤挤挨挨,小孩子们可以在水面上玩,从这一艘跳到那一艘,如履平地。

西兴镇地处钱塘江渡口,隔岸与杭州市区相对,历史上曾是两浙门户,地势险要,被称为"浙东首地,宁、绍、台之襟喉"。

早在春秋时期,此地名"固陵"。据说越国大夫范蠡曾在此筑城拒吴,后人尊范蠡为固陵的守护神,一直建有庙宇祀奉。吴、越争霸时,这里留下不少悲壮的往事,成为后人吟咏的素材。

六朝至唐,因固陵地处会稽郡西面,易名"西陵"。五代十国时期,吴越王钱镠以为"陵"不吉利,改名"西兴",一直沿用至今。宋以后,西兴是浙东运河起点,坊肆栉比,商贾云集。来自日本、中东和东南亚诸国的使臣,从宁波上岸后,也是从这里转入钱塘江再去晋谒宋朝皇帝。由于"通南北之商","候往来之使",西兴成为远近闻名的胜地。北宋熙宁年间,大文豪苏轼在杭州工作余暇,常到凤凰山望海楼闲坐,还挑选了几处时人称颂的景点写下5首诗,名为《望海楼晚景五绝》,其中描写西兴的诗句为:

青山断处塔层层,隔岸人家唤欲应。
江上秋风晚来急,为传钟鼓到西兴。

元代京杭大运河开通以后,西兴愈加繁盛。人货往来穿梭,喧闹不绝。元代萧山学官赵子渐这样描述道:"西陵通南北之商,古驿候往来之使;亭灶课煮海之程,乡民羡湘湖之利,或蚕丝以资生,或力田以输赋。"(《萧山赋》)

明朝时,官府在此设盐课司,向盐商征税,西兴成为"浙东第一关隘"。清朝前中期,康乾南巡,浙东运河得到大规模疏浚与整治。

西兴的命运跟浙东运河相依相伴。清末以后,随着公路、铁路通车,河运量日趋减少,过塘行门前冷落,市面萧条下来。抗战胜利后,虽然商贸恢复,但运河雄风不再,西兴失去了交通枢纽的

> 十多艘数百吨级的大型运输船只在水位急剧下降的浙东古运河上航行　李瑞昌 / 摄

功能。如今的它平静安详，层层叠叠的马头墙，几出几进的大宅院，小池萍藻，锦鲤成群，芭蕉绿竹，清渠白溪，古色江南触手可及，成为慢享运河时光的好去处。

6. 浙东运河：载满诗歌的黄金水道

浙东运河是京杭大运河的延伸段，也是"海上丝绸之路"的起点，被纳入大运河世界文化遗产项目。它西起杭州市滨江区西兴古镇，跨曹娥江，经绍兴市，东至宁波市镇海东北部招宝山入海，全长约239千米。它既是浙东水上大动脉，也是一条人文之河，演绎出一篇篇地域文化的华章。

（1）生意兴隆通四海，财源茂盛达三江

浙东自古是水乡泽国，早在春秋时期，先民们就形成了"以船为车，以楫为马"的生活习惯。越王勾践开凿的山阴故水道是浙东运河之肇始，它起于范蠡修建的山阴大城（大致相当于今绍兴老城）东郭门，终于上虞东关练塘，长约20千米，大约与吴王夫差开凿的邗沟处于同一时期。山阴故水道既便利农田灌溉，又是战时兵马通道。越国之后，当地水上运输有了长足发展，水乡文化自此滥觞。东晋时，会稽内史贺循利用山阴故水道，开通了自钱塘江至曹娥江的西兴运河，并与上虞以东的姚江、甬江相连，直达明州（今宁波）。至此，浙东运河基本形成。后来，隋炀帝开凿的南北大运河与之相接，由此把浙东水系纳入全国性水网，为大一统发挥了重要作用。

宁波通江达海，是中国具有深厚经商文化和海洋文化的少数城市之一。秦时，宁波就形成鄞、鄮、句章三邑分治格局。"鄮"，意为商贸之邑。史料记载："以海人持货贸易于此故名。而后汉以县居贸山之阴加邑为鄮。"以贸易之故作为邑名，在我国古代实为少见。说明秦汉时期宁波海运事业已经起步，甚至开始进行海外贸易。"生意兴隆通四海，财源茂盛达三江。"这副脍炙人口的对联，是对宁波人两千年来经商传统的写照。

元朝漕运发达，加上海外贸易兴隆，浙东运河数百年不衰。舳舻相接，风帆如林，两岸水驿鳞次栉比。到清代，从西兴至曹娥江边这短短的河段内，即设有西兴驿、钱清驿、柯桥驿、蓬莱驿、东关驿和曹娥驿。如此密集地设置驿站掌司水运，可见船运繁忙之一斑。即使在陆路开通后，水运也因其成本低廉而极具竞争力。大至粮食

土产，小至日用百货，大多由船运承揽。出门远行，不论是赴京赶考，当师爷或经商打工，人们都喜欢坐船离乡，舒适又实惠。

当地老人还记得小时候河边热闹的景象。运河上设有纤道，纤夫们自觉遵守"大船让小船，重船让轻船"的行规，后船若要超越前船，必须放低纤绳从内侧快步前行。河滩上你追我赶，号子声不绝于耳，成为一大景观。

（2）我欲因之梦吴越，一夜飞渡镜湖月

浙东运河还是一条风光长廊。整条运河南岸，会稽山脉、四明山脉横亘于前，千峰竞秀，层峦叠嶂。河边青松翠竹历历在目，舟行画中。诗人李白当年从扬州出发，沿运河南下："舟从广陵去，水入会稽长。"在《越中秋怀》一诗中他盛赞："越水绕碧山，周回数千里。乃是天镜中，分明画相似。"另一位诗人孟郊也描写越中山水："碧嶂几千绕，清源万余流。"

旖旎的景色吸引了无数文人墨客慕名来游。诗人们从西兴登舟，来到越州古城，然后溯剡溪而上，直至新昌天台。一路饮酒赏景，诗兴大发。据统计，《全唐诗》收录的2200多位作者中，有300多位诗人在这条航道上写下1000多首佳作。"挥手杭越间，太白风犹在"，一首首诗篇辉映着青山碧水，这就是所谓"浙东唐诗之路"，是浙东运河文化的重要组成部分。

当然，唐代以后也诞生了不少名篇。南宋绍熙二年（1191年），陆游来到山阴故水道的终点——练塘，看到一片水秀山明，写下《练塘》一诗："微风吹颊酒初醒，落日舟横杜若汀。水秀山明何所似？玉人临镜晕螺青。"再如明代诗人王穉登的名句"江东名郡古无双，处处青山

> 宁波镇海甬江入海口　秦有为/摄

照玉缸",生动地写出了水路上的天光云影;清代诗人厉鹗将秀丽的群山比作美女头上的发髻:"越山绝似西施髻,朵朵翠翘浮水来",赞美之情,溢于言表。齐召南在《山阴》一诗中提到,"白玉长堤路,乌篷小画船",各式石桥、渔舍、菱荡、藕池点缀其间,移步易景,陶然忘忧。

　　浙东自古人杰地灵,有着丰厚的人文遗产。以王阳明、朱舜水、黄宗羲等为代表的浙东学派蜚声中外,还有以越窑为代表的青瓷文化,以天童寺、阿育王寺为代表的佛教文化,以天一阁为代表的藏书文化,

以甬剧、姚剧、四明南词、宁波走书为代表的曲艺文化等。浙东运河堪称"智慧和文明之河"。

进入20世纪以后，随着公路、铁路先后修到宁绍平原，运河与它们比邻而居，甚至在钱清至柯桥的河道上，出现了"咫尺天地，三道并行"的景观。橹声桨影虽渐渐远去，但那些船闸、堤岸、桥梁、码头以及衙署、官仓、会馆、寺庙、驿站、亭廊，就像一粒粒珍珠撒在翠玉盘上，让人玩味再三，流连赞叹。

第十二章
深巷明朝卖杏花
——杭州运河人文遗产

1. 西湖如西子，等你三千年

杭州西湖，可能是中国名气最大的城区湖泊，你能想到的美好画面它好像都具备。古往今来，这里盛放着太多人的情怀：诗人心中的西湖、文人眼里的西湖、情侣心窝里的西湖、一个人的西湖、你的西湖、我的西湖……它可以是任何人的西湖，却又是独一无二的。

西湖位于杭州市西面，是现今《世界遗产名录》里中国唯一湖泊

> 航拍西湖绝美秋景　　王奎安 / 摄

> 西湖畔女子

类文化遗产。夕照山的雷峰塔与宝石山的保俶塔隔湖相望，孤山、白堤、苏堤、杨公堤将湖面分割成外西湖、西里湖、北里湖、小南湖及岳湖5片水域，小瀛洲、湖心亭、阮公墩3个小岛鼎立于外西湖湖心，由此形成"一山、二塔、三岛、三堤、五湖"的基本格局。

（1）自然与人类共同的作品

杭州西湖不仅是一处自然风光，更是人文湖泊，它是自然与人类共同的作品，具有无法复制的基因。春来"花满苏堤柳满烟"，夏有"红衣绿扇映清波"，秋是"一色湖光万顷秋"，冬则"白堤一痕青花墨"。

古人精选了10个西湖最美的景观，命名为"西湖十景"。随朝代变化，"十景"略有不同。以南宋时的苏堤春晓、断桥残雪、曲院风荷、花港观鱼、柳浪闻莺、雷峰夕照、三潭印月、平湖秋月、双峰插云、南屏晚钟最为著名。

以命名艺术之美点化自然山水，杭州做到了极致。比如"三潭印月"，就为人们展现了西湖月光、波光、塔影交相辉映，湖中有月，月中有塔，塔孔中又有月的令人陶醉的画面。景名合一，如临其境。景名之美甚至打动了国际古迹遗址理事会（ICOMOS）的评审专家，对西湖申遗成功有着不可忽视的贡献。

西湖曾有两个名称为历代公认：一是因杭州古名"钱塘"，故称"钱塘湖"；一是因湖在杭城之西，故名"西湖"。现存诗文中最早出现"西湖"名称的是白居易的《西湖晚归回望孤山寺赠诸客》和《杭州回舫》这两首诗。而苏轼的《乞开杭州西湖状》，则是现存官方文件中首次使用"西湖"名称的。

（2）杭州之有西湖，如人之有眉目

两千多年前，西湖还是钱塘江的一部分，由于泥沙淤积，西湖南北两山——吴山和宝石山中间逐渐形成"沙嘴"，大概在秦汉时期毗连在一起成为沙洲，西侧形成内湖，即为西湖。自唐朝起，若干能吏都曾为西湖的发展和美化做出不可磨灭的贡献。唐建中二年（781年），杭州刺史李泌在人口稠密的钱塘门、涌金门一带开凿六井，解决市民饮水问题。长庆二年（822年），诗人白居易任杭州刺史，大兴水利，并留下"白公堤"等遗迹。白居易对杭州有着深厚的感情，在卸任杭州刺史前夕写下的《春题湖上》中，淋漓尽致地表达了对杭州的眷恋和不舍：

湖上春来似画图，乱峰围绕水平铺。
松排山面千重翠，月点波心一颗珠。
碧毯线头抽早稻，青罗裙带展新蒲。
未能抛得杭州去，一半勾留是此湖。

给西湖发展史留下最深烙印的，是五代十国时期的吴越国和南宋。吴越国偏居东南，富甲一方。几代国王在西湖周边兴建寺庙、宝塔、经幢和石窟，一时有佛国之称。朝廷还特置撩湖兵千人，芟草浚泉，确保西湖水体的开阔清澈。

北宋后期，大文豪苏轼对西湖治理做出了极大贡献。北宋元祐五年（1090年），苏轼上《乞开杭州西湖状》于宋哲宗，言"杭州之有西湖，如人之有眉目，盖不可废也"。同年四月，他动员数万民工疏浚西湖，并用挖出来的葑草和淤泥，堆筑起自南至北横贯湖

> 西湖夏季盛开的荷花

面的长堤。自此西湖水面分成东西两部，而南北两山也能直接沟通。这条长堤就是"苏堤"。

杭州成为南宋都城后，进入发展的鼎盛时期。各国使臣、商贾、僧侣、学子把西湖的美名传颂天下。西湖泛舟极为盛行，史料记载，"湖中大小船只不下数百舫"，"皆精巧创造，雕栏画拱，行如平地"。诗人杨万里曾作《晓出净慈寺送林子方》，盛赞西湖美景：

毕竟西湖六月中，风光不与四时同。
接天莲叶无穷碧，映日荷花别样红。

元末，西湖疏于治理，湖面大部分被淤为茭田荷荡。明朝宣德年间，杭州开始恢复繁荣。明弘治十六年（1503年），知州杨孟瑛重修西湖，将挖出的葑泥除加宽苏堤外，还在里湖西部堆筑长堤，后人由此称其"杨公堤"。清朝康熙、乾隆数次到杭州巡视，吟诗作赋，监督漕运。由于甚爱江南，乾隆还在颐和园昆明湖模仿西湖苏堤建起长堤。清嘉庆年间，浙江巡抚阮元主持疏浚西湖，自此现代西湖的轮廓基本成型。

（3）还湖于民

民国时期杭州旅游资源日益丰富，景点不断增多，翻修了灵隐寺、岳王庙、黄龙洞、钱王祠、保俶塔等一批古建筑，并将孤山行宫中的御花园辟为公园。1924年，拥有近千年历史的雷峰塔因塔基长期遭盗挖而倒塌，惊动社会舆论。鲁迅先生特地两度撰文评论此事。

1929年，举办首届西湖博览会，会址设在断桥、孤山、岳王庙、北山等沿湖地区，旨在提倡国货、奖励实业。此次博览会除全国1000多个代表团参加外，还有美国、日本、英国、印尼等国组团参观，为民国时期规模最大的贸易盛会。如徐志摩在《丑西湖》中说道："论山水的秀丽，西湖在世界上真有位置。那山光，那水色，别有一种醉人处，叫人不能不生爱。"

中华人民共和国成立后，政府陆续对西湖进行疏浚，开辟了植物园、花圃，兴建花港观鱼、柳浪闻莺等公园，整修了大批景区和遗址。进入21世纪，数项大型西湖环境整治工程陆续启动，改善了周边的生态湿地环境，西湖水面得以扩大。在倒塌的雷峰塔旧址上，71.7米高的新塔建成竣工，从此，"一湖映双塔"的美景重现西湖。山色空蒙，青黛含翠，水波潋滟，游船点点。尤受百姓欢迎的是，杭州花圃、曲院风荷等沿线公园纷纷免费开放，西湖成为中国首家也是至今唯一一家不收门票的5A级景区，基本实现了"还湖于民，还园于民，还景于民"的目标。

（4）片月生沧海，三潭处处明

"三潭印月"是西湖识别性最高的景点之一，位于外西湖西南部水域，包括小瀛洲及其南侧3座葫芦状石塔，以赏月著称。小瀛洲面积约7公顷，是西湖中最大的一个岛，其园林布局在18世纪初即基本形成。明万历三十五年（1607年），钱塘县令聂心汤取湖中葑泥在岛周围筑堤坝，初成湖中湖，作为放生之所。从空中俯瞰，全岛如一个特大的"田"字，南北曲桥相连，东西系以柳堤。由此构成西湖"湖中有岛，岛中有湖"的奇景。

从东北角埠头登岛，当眼就是"小瀛洲"石牌坊、浙江先贤祠等。

> 西湖枕湖拱门　朱雨生 / 摄

过牌坊顺桥前进，沿路的花木丛中，时不时露出凉亭的飞檐翘角，一道圆门的门额上刻有康有为的题字"竹径通幽"。沿花墙前园路再西过桥，即人称"岛中有岛"的"三潭印月"中心点。这里有亭建在十字路口，亭西原有关帝庙（即永明禅院）等。再西过桥即"三潭印月"碑亭，过碑亭即"我心相印"亭，亭前湖面上有3座石塔，取鼎足之势。

三塔始建于北宋元祐五年（1090年）苏轼治湖期间，其所在位置与当今不同。据清初文献记载，今三塔系清朝康熙年间所建。三石塔顶为葫芦状，塔身呈球状，高出水面2米，中空，环塔身均匀分布5个圆孔，塔基为扁圆石座。三塔呈等边三角形分布，每边长62米。每当皓月当空，在塔内点燃蜡烛，洞口蒙上薄纸，烛光倒映湖中，宛如一个个小月亮。昔人有诗云：

片月生沧海，三潭处处明。

夜船歌舞处，人在镜中行。

（5）荫浓烟柳藏莺语，香散风花逐马蹄

西湖苏堤是北宋元祐四年（1089年）大文豪苏轼任杭州知州时，疏浚西湖，利用开挖的淤泥构筑并历经后世演变而成。苏堤南起南屏山北麓，北至北山，把湖面分为西小东大的两部分（面积比约为1∶5），是跨湖连通南北两岸的唯一通道，观赏全湖景观的最佳地带。其现长近2800米，宽30～40米。

南宋以来，"苏堤春晓"就是"西湖十景"之首，深受历代人民喜爱。长堤卧波，给西湖增添了一道妩媚的风景线。其在元代被

称为"六桥烟柳",被列入"钱塘十景"。今人所见的苏堤,早已不复当年苏东坡修筑的原样,中间经过了无数次增补修葺。比如,在里西湖修筑了"杨公堤"的明代弘治年间杭州知州杨孟瑛,就曾将部分疏浚西湖的淤泥用于补益"苏堤"。就是说,今日"苏堤"之美,并非成就于苏东坡一人之手。不过,构成这条堤岸最著名的6座桥,即映波、锁澜、望山、压堤、东浦、跨虹,是当初就有的。据说,这些桥名都出自苏东坡的锦心绣口。

苏东坡本人的诗歌中有关于修筑这条堤岸的记载:

我来钱塘拓湖绿,大堤士女争昌丰。

六桥横绝天汉上,北山始与南屏通。

这里一年四季,晨昏晴雨,氛围不同,景色各异。特别是寒冬一过,春风吹拂,苏堤便如一位翩翩而来的报春使者,绿柳如烟、红桃如雾,红翠间错,灿烂如锦。最动心的,莫过于晨曦初露时,湖波如镜,桥影照水,鸟语啁啾,柳丝舒卷。游人漫步堤上,看晓雾中西湖苏醒,湖山胜景如图画次第展开,如梦如幻……

2. 越剧:"才子佳人",这里最美

中国的戏剧,首推京剧,其次就是越剧,有"第二国剧"之称,是首批入选国家级非物质文化遗产名录的地方剧种。

越剧还走出国门,在国际上享得盛誉,被称为"中国歌剧"。一曲"蝴蝶恋人"(即《梁山伯与祝英台》),让欧美观众如痴如醉。越剧演员以女性为主,极具江南灵秀之气,长于抒情,俏丽多变,

跌宕婉转，细腻传神，多以"才子佳人"为主题。

（1）从"沿门唱书"到"十里洋场"

越剧历史不算悠久，诞生于清末，100多岁的"年纪"在中国戏曲大家庭里并不显老。在浙东四明山西麓，有一座建于西汉时期的古城——嵊县（今嵊州市），那里流传着一种农民自娱自乐的"唱书"，被认为是越剧的鼻祖。

清朝咸丰年间，嵊县农民为了生计，组织起来四处卖唱，用毛竹做成"尺板"，用"笃鼓"作伴奏，即"沿门唱书"，这便是越剧的萌芽时期。"沿门唱书"经过丰富和发展，出现了一些完整的话本，并逐渐进入大户人家的厅堂和茶楼酒馆，这样就发展到"落地唱书"阶段。

1906年3月27日，袁福生、李世泉等艺人经过精心准备，统一演出行头，在嵊县东王村香火堂前正式公演了《十件头》《倪凤煽茶》《双金花》等剧目，演出大获成功，宣告了一个剧种的诞生。为了区别当时流行的"绍兴大班"，他们给自己命名为"小歌文书班"，简称"小歌班"。因伴奏乐器发出"的的笃笃"之声，又名"的笃班"。

在向周边大中城市发展过程中，艺人们从京剧、昆曲、绍剧等借鉴了不少元素，对音乐、表演、舞美等方面进行改良，对白采用易懂的嵊县官话，唱腔更为喜闻乐见。1920年，一批优秀演员在上海升平歌舞台演出《碧玉簪》《梁山伯与祝英台》《孟丽君》等剧，

> 正在表演越剧的小演员　张亮宗/摄

轰动了上海滩,从此成功在上海站稳脚跟。1925年9月,在小世界游乐场演出的"的笃班",首次在《申报》上打广告自称"越剧"。

剧团老板们还从浙江农村挖掘有培养潜力的少女组成女子越剧团,进行严格训练,加之女性青春之美的吸引力,孕育出一批有号召力的明星。

> 越剧《梁山伯与祝英台》 张亮宗 / 摄

抗战爆发后,著名旦角姚水娟聘请《大公报》记者樊篱编写了一部宣传抗战的越剧——《花木兰》,由她本人主演,轰动一时,被媒体称赞为"振聋发聩,促使人猛醒的时代好戏"。之后越剧界

聘请文人编剧成风,其中最著名的号称"四大金刚"。1946年5月,根据鲁迅小说《祝福》改编的由袁雪芬主演的《祥林嫂》在上海明星大戏院公演,鲁迅夫人许广平和田汉、黄佐临、费穆等一大批文化界知名人士前来观看。媒体评论"《祥林嫂》的改编为越剧开辟了一条新路",其因此被誉为"新越剧的里程碑"。

后来,各地越剧团体层出不穷,袁雪芬、尹桂芳、范瑞娟等名角分别创立了袁派、尹派、范派、傅派、徐派等流派,一时间百花齐放,蒸蒸日上。

(2)从越剧到国剧

中华人民共和国成立后,越剧艺术得到党和国家的高度重视,艺人有了更高的社会政治地位。1949年10月1日,袁雪芬作为特邀代表,登上天安门城楼参加了中华人民共和国开国大典。

越剧在走向全国的同时,也在走向世界。由范瑞娟和傅全香主演的《梁山伯与祝英台》被拍成彩色电影。1954年,中国代表团出席瑞士日内瓦会议时,播映了此片。美丽动人的爱情故事深深打动了各国观众。据说电影大师卓别林看完后感动不已,专门向在座的范瑞娟表示了由衷的敬意。

在苏联演出时,塔斯社称赞《梁山伯与祝英台》是"中国的罗密欧与朱丽叶"。一位德国作家发表文章说:"人们虽不通语言,然而能懂得一切,它能在无法分割的一瞬间,使人们心里感到无比欢欣和无穷的悲愤……"

1983年,一封来自香港的赴港演出邀请函,开启了越剧史上的新时代。浙江从全省3000多名演员中精选出28名优秀学员,学员们经过强化训练后,组成浙江省越剧小百花赴港演出团。当《五女拜寿》《汉宫怨》等大戏被满台新秀演绎于舞台上时,香港观众发出惊叹:"演员美、剧本美、音乐美、布景美、服装美,无处不美!"

20世纪90年代以来,越剧的艺术思想更加解放,观念更加开放。其演出题材、风格更加多样化,还吸收了部分现代艺术成果,使得表现形式更易被现代人接受。据统计,自1906年诞生至20世纪末,越剧上演剧目达6000多个,如一个庞大的吴越文化宝库,滋养着一代代观众。

中国人是有根的民族,无论走多远,都忘不了故乡。越剧舞台上那些美轮美奂的衣香鬓影、水乡风物、江南园林以及让人印象深刻的聚散离合之景,就是你我心中那份深深的乡愁啊!